[美] 帕特里克·兰西奥尼（Patrick Lencioni） 著

# CEO的四大迷思
## 健康组织应遵循的原则

（经典版）

The **FOUR**
OBSESSIONS
*of an*
EXTRAORDINARY
EXECUTIVE

A LEADERSHIP FABLE

彭淑军 译

電子工業出版社
**Publishing House of Electronics Industry**
北京·BEIJING

本书中文简体字版经由John Wiley & Sons, Inc.授权电子工业出版社独家出版发行。未经书面许可，不得以任何方式抄袭、复制或节录本书中的任何内容。

版权贸易合同登记号　图字：01-2016-4004

**图书在版编目（CIP）数据**

CEO的四大迷思：健康组织应遵循的原则：经典版 /（美）帕特里克·兰西奥尼（Patrick Lencioni）著；彭淑军译. —北京：电子工业出版社，2023.8

书名原文：The Four Obsessions of an Extraordinary Executive: A Leadership Fable

ISBN 978-7-121-45958-0

Ⅰ.①C… Ⅱ.①帕…②彭… Ⅲ.①企业管理—组织管理学 Ⅳ.①F272.9

中国国家版本馆CIP数据核字（2023）第151272号

责任编辑：吴亚芬
印　　刷：天津千鹤文化传播有限公司
装　　订：天津千鹤文化传播有限公司
出版发行：电子工业出版社
　　　　　北京市海淀区万寿路173信箱　邮编：100036
开　　本：880×1230　1/32　印张：5.25　字数：96千字
版　　次：2023年8月第1版
印　　次：2023年8月第1次印刷
定　　价：59.00元

凡所购买电子工业出版社图书有缺损问题，请向购买书店调换。若书店售缺，请与本社发行部联系，联系及邮购电话：（010）88254888，88258888。

质量投诉请发邮件至zlts@phei.com.cn，盗版侵权举报请发邮件至dbqq@phei.com.cn。

本书咨询联系方式：（010）88254199，sjb@phei.com.cn。

# 帕特里克·兰西奥尼的其他著作

《CEO 的五大诱惑》（*The Five Temptations of a CEO*）

《团队协作的五大障碍》（*The Five Dysfunctions of a Team*）

《别被会议累死》（*Death by Meeting*）

《克服团队协作的五种障碍》
（*Overcoming the Five Dysfunctions of a Team*）

《员工敬业度的真相》
（*The Truth About Employee Engagement*）

《困扰职业家庭的三个重要问题》
（*The Three Big Questions for a Frantic Family*）

《示人以真》（*Getting Naked*）

《优势》（*The Advantage*）

《理想的团队成员》（*The Ideal Team Player*）

《动机》（*The Motive*）

《六大工作天赋》（*The 6 Types of Working Genius*）

# 译者序

企业主或CEO是推进组织健康发展的第一责任人，除了他们，其他人都难以做到。

这是作者第一次在他的书里提出组织健康的概念，并直接用书名告诉企业主或CEO，要想组织保持健康状态，你应该沉迷在坚持这四项原则之中无法自拔！与其说，这是一本讲述如何让组织变得越来越健康的书，不如说，这是一本帮助CEO提高领导力，让组织获得长期竞争优势的书。

大多数企业的领导者通常会花大量的时间和精力在如战略、技术、市场、财务，以及其他基于知识产权或资本的领域上，作者认为这些都是企业的聪明部分。但是，他们往往会忽略重要的另外一部分，那就是组织的健康，它承载着明确、传承组织文化的功能，直接影响着企业战略、用人、市场、产品、财务等方面的策略及表现。

本书清晰地呈现了健康组织的状态，这是一个所有企业都向往的状态，高凝聚力、员工士气高昂、高效率、优秀员工的低流失率、管理层有较强的纠错能力，组织具备根据外部变化及时调整的能力。难能可贵的是，作者用多年的经验提出了达成组织健康的四项原则，以及基于这四项原则阐述了可操作的方法。如图0-1所示，企业的聪明和健康程度是经营管理产生的结果，而四项原则是产生结果的因。企业主或CEO只要坚持推动大齿轮的运转，就会带动小齿轮的良性运转，让组织越来越健康，同时也会让组织越来越聪明。所有这一切，不需要你具有超乎常人的能力，需要的是勇气和坚持。

图0-1　聪明、健康和四项原则的关系

本书的作者兰西奥尼先生，秉承他的一贯风格，用一个寓意深刻、发人深省的故事，引出后面的理论及模型。研读此书也是一个非常有趣的过程，当看到寓言故事中描述的不健康组织的一些行为、表现时，你似乎很容易就和现实的工作场景联系起来，会有种身临其境的感觉，而产生的共鸣更易引发思考。

全书没有任何深奥的理论，呈现给大家的是经过提炼的精华，简单易懂的原则，拿来即可用的方法。最重要的是，这些理论和方法是经过实践检验、切实可行的。本书特别适合那些想对组织健康想进行初步了解，喜欢读着故事理解模型的领导者阅读。当然，如果你想深入理解的话，则需要细细研读，深入思考，延伸阅读一下兰西奥尼先生的其他书籍，或者相关理论书籍。

推进组织健康的四项原则是一个底层逻辑，在一定程度上能从根本上解决很多困扰企业的常见问题。真心期望本书能让更多的中国企业主或CEO们读到，因为这可能会给他们的领导力带来极大的延展。

## 译者简介

彭淑军　组织健康顾问，Table Group认证的"克服团队协作的五项障碍"工作坊导师，资深的大成教练，致力于用组织健康的框架理论融合教练、引导技术，支持企业的健康成长。因为经历、因为相信，目前专注从事组织健康相关的工作坊及咨询工作。

谨将此书

献给乔尔，一位当之无愧的教练和领导者

（1959—1983）

# CEO的四大迷思

里奇·奥康纳的批评者说他是一个幸运儿，
其他人则相信他有管理和领导的天赋。
其实，他们一点也不了解他。

# 前　言

事事重要，便无重要之事。

能掂量出这句话分量的人，莫过于一个组织的领导者了。不论是跨国公司、大公司的某个部门，还是一家刚创立的小企业，每个组织的领导者都要比普通人更操心，承担更多的压力。

要应对这些挑战，关键在于找出那些对你的组织取得成功可能产生重大影响的问题，然后花时间去思考、讨论并着手解决它们。

但这些问题是什么呢？在你能识别它们之前，还是要先搞清楚一个组织获得成功的必要条件。

我认为，凡是成功的组织均有两大品质：一是聪明，二是健康。一个组织的聪明之处表现在：开发富有远见的战略、营销计划、特色产品和财务模式，能够在自身领域形成领先于竞争对手的优势。而健康则表现在：能够消除办公室政治及内部的管理混乱，从而使组织士气高昂、保持较低的优秀员工流失率和较高的生产效率。

组织的聪明和健康都很重要，但是，我发现大多数领导者都把主要的精力和时间花费在使组织变得聪明一些上，而在组织健康上下的功夫较少。因为考虑到聪明也是商学院和商业传媒聚焦的主要内容，所以出现这种现象也是可以被理解的。然而，从健康给组织带来强大、无与伦比的价值来看，这则又是十分令人遗憾的。

首先，健康的组织会变得越来越聪明。即使它们的决策有时不如竞争对手那么高明，但因为谦卑，它们通常能充分认识自身不足之处，并能及时调整计划。与此相反的是，那些大量的已被人遗忘的公司，往往由于内耗、缺乏组织清晰度，以及被其他不健康组织具有的相关问题所困扰，而把聪明上的优势白白浪费掉了。

其次，比起不健康的公司来，健康的公司受一些常规问题的影响要小得多。例如，困难时期，员工更愿意留在一个健康的组织内效力，并为最终重建组织的竞争优势而努力。

最后，也是最重要的一点，除了一个组织的领导者，没有人能使这个组织健康起来。领导者平时可以把战略、技术、营销等职责成功授权给他们的下属分管，可是，组织文化建设方面的工作却不能分派给别人，只能由自己亲自负责。

因此，尽管看起来似乎有些令人费解，但这确是事实，相比领导者专注于使组织更聪明而言，专注于使组织更健康真的要重要得多。

不过千万不要误解，我并不是说经营战略、产品创新和市场营销之类的问题不重要。对于任何一个经营团队来说，这些问题都至关重要并且必须谨慎对待。只不过因为这些问题受到那些喜欢动脑筋、苦心经营的领导者的过分关注，所以致使他们没有时间和精力再去关注组织的健康。

为什么会出现这种情况呢？这是因为组织健康很难被衡量，更难被实现。对于那些偏好容易量化和可控方法的公司领导来说，组织健康是摸不着、需要长期引导的，不像一项技术或营销策略那样，可以立竿见影地使组织出现让大家都满意的效果。

不过，组织健康之所以常常被忽视，最重要的一个原因是它涉及人的行为，对于这一点，即使最尽责的领导者也可能会避之唯恐不及。要实现组织健康需要一定的修养和胆识，只有一个真正出色的领导者才愿意去抓这项工作。

本书旨在帮助领导者放下包袱，充分理解实现组织健康的简单性和可能产生的巨大威力，熟练掌握推进组织健康的四项原则。书中的描述从两家公司的故事开始，向读者展示了一家组织健康的公司如何竭力摆脱一种潜在的病毒，而另一家组织不健康的公司又如何拼命地寻求治愈的良方。

书中情节纯属虚构，如有雷同，纯属巧合。

# 目　录

# 主要人物介绍

**文斯·格 林** 原格林威治咨询公司（Greenwich Consulting，
以下简称格林威治公司）的创始人及CEO，现
格林软件系统公司创始人及CEO

**里奇·奥康纳** 电报合伙公司（Telegraph Partners）的CEO

**汤姆·吉 文** 原格林威治公司的COO（首席运营官）

**杰米·本 德** 电报合伙公司原人力资源副总裁

# 第 1 部分

## 寓言故事 ▶

# 格林的心病

## 遇到劲敌

8 000万美元的年收入本应使他高兴，至少不会令他失望，然而格林威治公司的创始人及CEO文斯·格林却怎么也高兴不起来，除非他的公司被公认为是湾区头号技术咨询公司。在特别不顺的时候，他甚至还开玩笑说，只有他的竞争对手电报合伙公司倒闭，他才会真正地高兴起来。

电报合伙公司并不比格林威治公司大多少，实际上，格林威治公司的季度收入有时与电报合伙公司不相上下（尽管利润从来都比不上）。

除了财务上的较量，使文斯和他的下属感到更加困扰的是，格林威治公司在其他方面总也占不了上风。商业刊物都视电报合伙公司为至爱，行业分析师总是奉承巴结它，电报合伙公司的客户对他们的服务赞不绝口，甚至在困难时期也愿意和他们并肩站在一起。虽然，格林威治公司在新业务中也分得了一杯羹，但要留住客户，仍感到十分吃力。反之，电报合伙公司的日子却好过得很。

如果这一切让文斯很心烦，那么员工的招聘竞争则令他十分恼怒，因为电报合伙公司似乎不用费劲，也不用花很多钱就可以招聘到优秀的人员。更糟的是，有一股数量虽少但稳定的人流在从格林威治公司流向电报合伙公司，而反方向的流动却非常少。即使真有那么少数几个人离开电报合伙公司跳槽到格林威治公司来工作，也很少能干满一年。

在这样的竞争关系中，最难以形容和令人沮丧的，甚至让格林威治公司的管理层气得晚上睡不着觉的是，无论在报纸采访、会议发言，还是和客户见面时，电报合伙公司的CEO里奇·奥康纳几乎绝口不提格林威治公司。在一些重大的行业场合中，当格林威治公司的管理人员偶尔碰到电报合伙公司的主要领导者时，一定会发现这些人根本无视格林威治公司的存在，似乎毫不在乎他们最大、最直接的竞争对手在干些什么。

如果格林威治公司没有投入那么多的时间和金钱去打听对手的情况，不知道这一切或许会觉得好受些。可是，从和电报合伙公司前雇员交谈到合法的公司情报刺探，格林威治公司像研究自己的客户那样，收集了大量有关它的竞争对手的资料。

可惜，在这些煞费苦心的调查中竟得不到任何对格林威治公司有用的东西。

迄今为止，情况依旧。

## 没有不同

因为太想了解电报合伙公司成功的秘密了，所以文斯经常邀请一些企业管理方面的专家参加他的办公会议，并邀请一些经营战略专家、市场营销教授、财务方面的权威人物对电报合伙公司的做法进行分析，尤其对电报合伙公司和格林威治公司的不同之处进行分析。

然而，让文斯和他的团队大为吃惊的是，这些专家、教授和权威人物发现，格林威治公司和电报合伙公司在经营战略上的差别微乎其微：两家公司从相同的大学招聘员工；付给员工的薪水差不多（实际上格林威治公司还要稍高一些）；营销投入大致相同；企业运营的财务模式也惊人地相似；甚至对客户的收费和提供的服务也几乎一模一样。

这些高价请来的专家得出的表象分析使文斯感到困惑，于是，他勉强同意请当地一名研究组织发展的教授做顾问，对两家公司的企业文化进行比较。那天，在每星期的经理办公例会上汇报研究结果时，这位顾问讲的什么关于员工野餐和假日聚会之类的内容，文斯并没有心思去听，他觉得那是空话，不过，他却对其他内容感到了惊喜。

顾问说："根据收集的信息和本人的研究，格林威治公司和电报合伙公司这两家公司的相同点很少，极难进行比较。"这立刻引起了会议室里在座每个人的注意。

显然这个有些唐突的评语也使文斯大为吃惊，他差点想制止她说下去，但还没来得及说出口，顾问就接着说："在电报合伙公司的企业文化中有些东西是值得注意的，本人也从未见过。他们在吸引及留住客户和员工方面的能力，在培养老客户和老员工的忠诚度方面的能力，让人印象深刻。"

此时，格林威治公司的领导团队产生了两种情绪：一种是感到松了口气，终于发现了一个有助于他们了解电报合伙公司的突破口；另一种是感到沮丧，眼见又多出了一个对竞争对手不胜钦佩的粉丝。

在强烈的嫉妒心的驱使下，文斯更想了解他的竞争对手了。他问道："那么，他们究竟是怎么做的呢？"

不过，这位顾问还不能明确地指出文化差异的核心理由，她又用了一个小时简单地描述了电报合伙公司企业文化中的各种表象。她说："显然，他们那里没有办公室政治，很少有人跳槽，不满的员工引起的诉讼也很少，甚至大部分该公司的前雇员在和我交谈时，也对公司的文化赞不绝口。"

此时，在座的领导者就像大学里将要参加考试的学生那样仔细倾听，一边提问，一边在笔记本上迅速记着笔记。

顾问终于结束了她的讲话："总之，他们的组织是如此健全，如此……"她尽量想找出一个适当的词儿，"如此健康，以至可以防范许多风险，这比其他任何事情都更能推动他们在财务上、战略上和竞争上获得成功。我希望我真正知道他们究竟是怎样做的。"

文斯在这一个小时里第一次开了口："我也要这么干。"他接着站了起来，挥了挥手，强作笑脸地向顾问道谢后离开了会议室。

谁也不知道他已经有了一个想法。

# 历史背景

## 两位CEO

里奇·奥康纳和文斯·格林在许多方面都很相像。除两人都是当地一流的技术咨询公司的CEO外，他们都是很讨人喜欢的绅士、工作狂、彼此强有力的竞争者、忠实的丈夫和尽责的父亲。

很凑巧，他们曾同一时间在加州大学伯克利分校的工商管理学院学习。文斯在进入工商管理学院之前，曾在一家一流的管理咨询公司工作过。而在加州大学伯克利分校学习的两年里，他热衷于股市，和一些商界的朋友长期保持联系，尽可能地阅读他能搞到手的分析报告，毕业时在班上的成绩也名列前茅。

与文斯相比，里奇的成绩不怎么突出，但也很不错。为了挣零花钱，他当过服务生，辅导过大学在校生，在打工或上课之外的时间里待在他未婚妻工作的心理学实验室里。由

情况，帮助他们开始跟上电报合伙公司的工作节奏。然后会再用2小时和现有员工在一起，倾听他们关于公司管理或工作的想法和意见。

每年至少有一次，里奇的那位保镖似的助手卡伦都劝他取消以上这两项活动，因为这样就可以使他更好地管理他的日程表，但是里奇不听。除每星期召开的办公会议外，里奇认为招聘面试和新人培训是他最重要的工作之一。

由于里奇工作勤奋和认真，并且亲自负责招聘面试，所以格林威治公司很少雇用不合格人员，至少在高层中是如此。里奇的领导团队深信，这是电报合伙公司成为卓越公司的原因之一。

但是，即使最优秀的公司也会有犯错的时候。

### 被说服

和媒体、竞争对手甚至自己朋友的看法相反，里奇的成功要持续下去并不像看上去的那么轻松。即使有了更容易管理的日程表，他还是坚持专注于那张公文纸上的内容，使自己全身心地投入实施四项原则的工作当中去，这已成了他信奉的管理之道。

可是，人总会有感到疲倦的时候。经营公司8年了，里奇·奥康纳觉得非常疲倦。

于是，在妻子的竭力劝说下，他决定休个假放松一下，全家到塔霍湖度假6个星期。度假期间不收电子邮件，不接工作电话，唯一的工作是和他最信任的COO（首席运营官）汤姆·吉文每星期进行一次15分钟的通话，听取他的情况汇报。

刚到塔霍湖3天，汤姆就打来了电话，里奇知道事情一定很重要。

"嗨，很抱歉，我知道按约定我们要到星期二才通话，但有件事需要你马上拿主意。"

和汤姆谈话使里奇心里暗暗高兴，他正在为脱离公司这么久而感到不舒服呢！他开玩笑地说："别向我道歉，你得去向劳拉解释，如果她知道了你在和我谈工作，你就准备另找工作吧。"

汤姆笑着说："行，长话短说，我想我终于找到代替莫琳娜的人了，就是你离开前用电话沟通过的那位西雅图人，我想聘用他。"

"但是这几个星期我还不能和他见面，要不这事缓缓再说……"

汤姆总是在知道别人往下要说些什么时，就打断对方，这毛病他也很想改，但老改不掉，况且，似乎也没人介意。

"但是，里奇，我想情况有些特殊，此人在招聘人才方面很有一套，他的简历看起来比你我两人合在一起的还要强。据说已经有两家公司要聘他，其中一家是格林威治公司，所以我们得抓紧行动。而且，曼纳风险投资公司的乔尔也说他很棒。"

然而这一切没有说动里奇，"首先，我不在乎格林威治公司或者别的什么公司要聘用他。其次，你也清楚我对招聘，特别是聘用这个层级人员的看法。对不起，汤姆，这事得等一等。"

里奇已经习惯了和汤姆及其他下属在这些问题上时不时地发生争执，对此他并不介意。事实上，他感到有些欣慰。他理解汤姆是为了把工作尽快做好，当然也包括雇用足够的员工才和自己有争执的。而他自己的职责是维护公司的文化，包括确保所聘用人员都要适合电报合伙公司。大家很欣赏里奇的这种坚持原则的作风，即使有时会出现一些有建设性冲突的场面。

汤姆最后一次试图说服他的老板，小心翼翼地说："里奇，你知道我非常认可你亲自面试的重要性，但这不是一个CFO（首席财务官）的职位，也不是那种实习经理，这是人力资源副总裁，我们一时也找不到这样合适的人选。"

可能是因为在和家人一起度假的缘故，里奇·奥康纳第一次没有完全坚持他的立场。他问："大家认为他怎么样？"

汤姆觉得他松了口，兴奋起来，不禁有点夸耀地说："他们很喜欢他，都不敢相信他的简历有那么棒，对于明年的招聘工作，他们认为他将会起很好的作用。"

汤姆已经兼任了3个月的人力资源副总裁，拼命想找个人顶上这个位子。他没有向里奇提电报合伙公司的法律顾问丽塔从未见过这位候选人的事。最主要的是，他实在看不出这个人身上有啥不对劲的地方。

"那么，他在品格方面怎么样？我想他必须完全符合三条标准。"关于公司这些价值标准的重要性，里奇是没必要去提醒他的COO（首席运营官）的，因为电报合伙公司的全体员工在进公司不久就都会知道，不管他们的背景或技能有多么了不起，他们被公司录用是因为他们被认为是谦卑的、有渴求的、聪慧的。

汤姆迟疑了一小会儿说："我想是的。是的，他符合。"

里奇几乎笑出声来："得啦，汤姆，这种回答不够有力，到底是还是不是？"

"是，每个见过他的人都认为他特别聪明能干，擅长与人打交道。"

"这是三条中最不重要的一条。"里奇提醒他。

"是。至于对工作有渴求这一条，介绍信里说他工作起来像头骡子，在詹森公司时，大多时候他们不得不催他回家去休息。"

这并不是里奇招聘时认为最必不可少的，不过倒也不坏。"谦卑方面怎么样呢？"

汤姆清了清嗓子说："我们认为他是谦卑的，我们核查了他的介绍信，没有收到什么不好的反馈。"汤姆想寻找更多的证据来支持他的选择是正确的。"我们和他以前的一个下属谈过话，实际上，他有意向把这位下属带过来。他的下属认为，只要相信他，他的本领就大得很。顺便说一下，他或许可以胜任你曾经讲到过的内部沟通的角色。"

里奇并不理会汤姆这些说服人的话语，接着问："面试的情况怎样，你带他到码头去过没有？"

里奇喜欢把想聘用的人带到超出他们面试经验范围的地方，看看他们的反应，以此来进行测试。39号码头是他喜欢去的地方。因为是观光游览的场所，那里环境乱糟糟的，又很俗气，很容易使一个不那么踏实的人失去自制力。

"没有。"汤姆承认说，"很遗憾，我们整个面试的时间仅仅几个小时，不过大家似乎都很喜欢他。"

里奇并不在乎人们是否喜欢这个家伙。他明白大多数这种级别的人是懂得如何在面试时讨人喜欢的。"丽塔的看法呢？"

汤姆有点底气不足："今天丽塔外出办事了，她太忙了，连电话面试都不成。"

里奇一言不发。于是，汤姆重新振作起来试图挽回局面，"听着，我俩都知道我们不可能再聘用莫琳娜了，虽然我们都想挽留她，不让她退休，但办不到，而且我觉得不管我们等多久，也找不到像她那样的人了。"

电话那一头的沉默像在鼓励汤姆继续说下去一样，"此外，我们也对他进行了大量的行为风格方面的测试，每个人，包括珍妮特和马克，都同意录用他。等丽塔一有空，就让她找杰米谈话。"

里奇仍旧沉默不语，于是汤姆补上一句："我想你需要在这类事情上开始信任我们了。"

这话让里奇无话可说了。他日后应该声明，此时此刻他丧失了把维护公司利益的责任与度假中的丈夫和父亲的角色分开的能力。一阵沉默之后，让汤姆不敢相信的是，他的老板开口说："好吧，让丽塔见一见他，如果她说可以，那就这么办吧。还有，他叫什么名字？"

"杰米，杰米·本德，你会喜欢他的。"次日早晨，里奇因为自己没有坚持而同意了汤姆的意见产生了一种奇怪的感觉，他自我安慰地想：没有发生什么可怕的事情，也许我把自己的重要性估计得过高了。

谁也不会料到，仅仅3个月后，里奇就会对杰米失望得要发疯，但这也只能怪他自己了。

### 发现问题

由于里奇还有近一个月的假期，杰米·本德还未和他的新CEO见面就被电报合伙公司聘用了。虽然他在受聘后和里奇在电话里有过两次愉快的礼节性交谈，但始终没有和里奇当面谈过话。除绕开了正式的面试程序外，杰米还错过了里奇所做的新人培训，涉及公司情况介绍，这将被证明，其代价是昂贵的。

一般来说，新员工在听了里奇·奥康纳的新人培训之后，心里都会明白自己究竟是否适合电报合伙公司。极少数不适合的人能混过严格的面试和新人培训的流程，或者即使通过了面试和培训，也会在不出几个月的时间里得出结论，自己不属于这家公司。在离职谈话的时候，大多数人指出，他们所出的问题其实早在新人培训中就有提示了。

汤姆尽力模仿里奇的样子，像里奇一样介绍公司的基本情况，甚至很用心地花了相当多的时间来讲述公司的文化。但是，听起来一点也不像里奇那么富有感染力，尤其在描述里奇为什么创办这家公司和提出对公司员工的要求时。

当里奇休假回来并终于有机会见到杰米的时候，他马上觉察到有些不大对头。不过，他认为这可能是因为他没有亲自面试杰米，所以看法上难免有些偏颇而已，而且，他还向自己解释，如果莫琳娜和汤姆是其他人招聘来的，那么我可能也不会马上就认可他们的。

在随后的几个月里，里奇和杰米在一些项目上有过密切的接触，奇怪的是，杰米在和公司团队的融合方面进展不大。他的工作虽不突出，但还算令人满意，使里奇担心的是他的行为举止。

杰米在公司里表现得相当聪慧，很擅长与人打交道，但是，看上去，他并没有其他同事身上那样的渴求和谦卑的态度。虽然他工作的时间也相当长，不过总是关心自己的时候多，考虑公司利益的时候少。每当有他曾参与过的工作有成绩需要分享时，杰米就会当仁不让地站出来分享，似乎总想突出自己。

这种状态又持续了几个月，里奇的直觉已经变得毋庸置疑了，他认为杰米有些不适合公司的文化。实际上，他了解得还不彻底。

在办公会议上和平时面对面的交流中，杰米从来不提任何意见。事实上，里奇都想不出一个，杰米曾经对其他同事的观点提出不同意见的例子，更不用说对里奇了。这样一来，产生信任的最基本的条件都没有了。

可是，汤姆和其他领导团队成员却把杰米视为一个象征，一个里奇信任他们判断正确的象征，他们自然希望他成功。不论何时，里奇向他们中任何人表达对杰米的担心时，他们都会出来袒护这位新任的人力资源副总裁，甚至杰米本人也明白了，他的同伴都在支持他，不过他还没有意识到日后他会怎样去利用这股支持他的力量。

没多久，里奇的下属已经能够使他们的老板和杰米保持距离，里奇明白他们的用意是好的，而且也想在这类事情上真正地信任他们，所以他让步了。

最后，又过了令人不安的几个星期，里奇决定不再回避这个问题。

"我那么辛苦地创办这家公司……"尽管在他心中，这一句话似乎从来也没有说完过。

## 犹豫不决

里奇所认识的CEO，大多数都害怕做一些重复性的事，里奇却很喜欢，特别是定期考察领导团队成员的工作表现。实际上，他坚持每季度进行一次考察，因为他认为正式的反馈面谈间隔超过3个月是不负责任的行为。由于出差多，各人忙各人的事，而非正式的反馈较以前更难有机会做了，所以里奇越来越重视这些正式面谈了，纵使他反馈的不得不是些不怎么好的事。

杰米·本德就属于这种情况。

里奇打算对杰米直言不讳，多年以来，他已明白在这种情况下，速战速决比拖延不办要强。这一天，里奇打算进行一次绩效评估，他认为在这个场合很合适做他认为有利于公司的事情。

一般这种情况下，里奇总喜欢先去看望他的法律顾问丽塔。丽塔很高兴他来看她，但今天老板看起来心事重重，里奇说："丽塔，我想让杰米走人，我们该做些什么？"

对突然冒出来的这些奇怪的话，丽塔几乎笑起来：

"哇，这是打哪儿说起，我看，现在不是挺好的吗？"

"我不这样认为，瞧，我们用错了人，这是我的错。我知道你们大家都认为他很合适，但是我的职责就是要在这种事情上把好关。"

丽塔看起来有点吃惊，她说："也是，我也从来没有觉得他非常合适，我告诉过汤姆，杰米似乎有点不大可靠。"

里奇有些意外，但紧接着感到宽慰，因为他的困惑仿佛被解开了一点。"听着，我不想责怪汤姆忽视了某些警告，他是希望有个人在这个岗位上，这是他的任务。我本应当坚持面试过程中我的这道程序的。"

丽塔好像在等他说下去，于是他接着说："无论如何，今天下午我要考察他的工作表现，是时候纠正这件事情了。"

可能是由于刚刚结束一件少有的、挺痛苦的解雇诉讼，也可能是为她在汤姆的怂恿下同意录用杰米而觉得不妥，丽塔认为她有必要劝阻老板。她说："我不能肯定现在这样做是不是个好主意，我觉得，杰米刚开始有一点改进，而且我们连最起码的口头警告都没有给过他，更别说其他形式的提醒了。"

问题就在于此，里奇想。他几乎能感到他的话如同正在做着的果冻，开始要凝固成硬块了。"行啦，丽塔，别给我讲那些律师的废话。他是个副总裁，他签的合同中有在任何时候可以被终止的条款，我可不管我们是不是在加州。"

丽塔笑道："我知道，严格来说，你是对的。不过我想，像他这样级别的人需要稍微多点观察，多给他点时间吧。"

里奇现在很坚决，他说："不，时间要短些，给高级管理人员的时间应当短些，因为他们有时候也会给别人找麻烦。"

丽塔意识到老板的心意已决，于是提了一个折中方案。她说："我建议你这样做，给他一个'汤姆·克仑西'怎么样？"(汤姆·克仑西是美国著名的科技惊险小说作家，他甚至受到军方和情报部门的重视，里根总统曾邀请他共进午餐。——译者注）。

里奇不明白这是什么意思，她解释说："一次清清楚楚、使他感到危机的考评。告诉他如果不能迅速改进，将会让他走人。"

里奇想了想，似乎没别的选择，只得点头同意，他信任丽塔。"那好，不过这么做算不上很漂亮。"

丽塔有些无奈，只能祝他好运。

## 当面较量

里奇回到办公室时，杰米已经在那里等着他了。和大多数不了解里奇的人一样，杰米看到CEO的办公室如此简朴和不起眼，也感到有些惊讶，在他看来，这有失老板的身份。

里奇坐到了杰米座位旁的木桌上，说："杰米，这可不是一次轻松的谈话。"里奇板着脸直盯着他的人力资源副总裁。杰米似乎吃了一惊，但瞬间就恢复了镇静。

"别这样，这是怎么了？"

"因为我不……"不知道是否有点心软，里奇犹豫了，"我对你的表现和所起的作用很不满意。"马上，他决定还是开门见山，即便丽塔不同意，"我不确定你是不是适合待在这里。"

杰米的态度非常好，自信地微笑着，跷着腿，用一种略微有些委屈的口气说："看来有些事我们得谈谈了。"

里奇拿不准杰米的自信是伪装的还是在恐吓他，他继续进攻："我想给你列举几件具体的事，主要是你行为表现上的，这比其他方面都要严重。你看，你和其他团队成员并没有建立真诚良好的关系。老实说，连我都不知道怎样才能和你搞好关系，你明白我的意思吗？"

虽然心里像开了锅似的，杰米表面仍旧没有被这种直率的批评打倒："是的，在不到6个月的时间里，我猜我没有接好莫琳娜的班，这对我是一个挑战，但我必须说我并不认为我和你的关系不好。实际上，回想起在这么多年我为之工作过的CEO当中，应当说为你效劳是愉快的。"

虽然里奇不能完全不为这种奉承所打动，但他软了下来，只是勉强地说："这很好，杰米，但是我要你在团队中更加坦率，要让他们感到你无所隐瞒，意思就是，你有错误时就得承认，而在其他人犯错时，你得及时指出。可我看不到你曾这么做过。"

杰米开始撒谎："我完全懂得这是为什么了，我不得不说你的批评是公正的。"假装沉思片刻之后，他坐直了身子，说："这么办吧，里奇，给我3个月时间，我刚刚才咨询了沟通顾问，我觉得我和团队的关系，包括和你的关系，正在变得融洽起来。"他停顿了一下，还没等里奇来得及回答，又说："年度规划会还有3个星期就要开始了，给我一个机会和每个人建立好关系，让你看看我是怎样的人，一年以后，我们会笑着回顾这一切。"

里奇本预料会有一场争吵，结果被杰米老练的反应感动，他同意了这个提议："但是每两个星期检查一下进展的情况。不瞒你说，杰米，我是个没有耐心的人，如果看不到情况有所好转，可能我会等不到3个月的。"

杰米微笑着，竭力掩饰他松了一口气却又很愤怒的心情。他说："我也希望是这样的。"当站起身准备离去时，他停住脚步说："哦，我以为你桌上的清单是不公开的。"

"哦，你指的是这个的话，那我可以告诉你它不是秘密，只不过我没有在网上把它当帖子发出去的习惯。"

"我只是在想这张纸的内容对我可能同样有用，应该说，在接下来几个月里尤其重要。"

"好呀。"里奇甚至想都没想就开始扯胶带，"我以为5年内我是不会动它的。"他自言自语道。在扯最后一条胶带时，纸被撕破了。里奇停了一下，好像在决定是不是要对撕破这张黄色公文纸表示不快。但是，他只是耸耸肩并把纸交给杰米，说："去吧，让凯伦给你复印一份。"

"谢谢。"杰米拿着它朝门口走去。

里奇也说不清自己此时的心情，他感到一种难以形容的后悔和内疚。后悔的是让自己和不喜欢的人这么坦诚交流；内疚的是自己一开始就抱着怀疑他的态度。但是，等杰米还了这张纸，离开里奇的办公室时，这种感觉就消失了。

3个星期后，这种感觉又回来了，而且更强烈了。

## 陷入困境

在大多数认识杰米·本德的人眼里，他似乎是个挺不错的人。但也有些缺点，其中最重要的是无法面对和处理冲突，对失败和被拒绝有着深深的恐惧感，这种感觉伴随着他的整个职业生涯，而且，随着年龄的增大，恐惧感也越来越强了。

不过，杰米在许多方面还是很有才华的。他通过了工商管理学院的入学考试，更重要的是他练就了控制自己情绪的本领，可以用个人的魅力掩盖这些不足，并且他懂得在一切可能的场合利用这些本领。在他以前工作过的公司里，这足以使他混得不错，甚至获得成功。毕竟，在合适的环境下，杰米是极讨人喜欢的，但是碰上了里奇，他很快就碰壁了。

杰米知道，这一切如果发生在过去，他就会在个人简历上加一条，去寻找一个"更好的发展机会"，然后跳槽。但是目前这个办法不怎么有吸引力，原因之一是他才刚开始了解电报合伙公司而且很欣赏它。还有更现实的问题是，他刚刚把家搬到了这个新的城市。即使他能够离开公司，作为一个副总裁，也不容易在他的个人简历中抹掉这段经历。他不得不设法留在电报合伙公司，只需要再过6个月，就应该能在该地区找到另一份工作。

在他的职业生涯中，杰米第一次感到陷入困境，而处在困境中的人往往会做出疯狂的事情来。

## 找好退路

自杰米拒绝出任格林威治公司人力资源副总裁的邀请至今，已经差不多有6个月了。他记得文斯·格林对他加盟电报合伙公司似乎大为恼火，甚至一度大骂他的竞争对手。那个时候杰米就觉得不应把文斯的电话号码删掉，想起这些，杰米就感到庆幸，觉得有希望。

文斯当然会有兴趣和杰米谈话，两人同病相怜，都受挫于电报合伙公司，而且关键是，杰米有他可能感兴趣的信息。

当杰米来电话时，文斯正打算放弃他对电报合伙公司近乎病态的好奇心，提醒自己再也不去打听他的对手。此刻，这个电话，又把他吸引了回去。

杰米一贯机智老练，措辞小心谨慎。他说："我知道这有些尴尬，文斯，如果你不想和我说话（实际上他知道不是这样），我也能理解的。我想选择为电报合伙公司而不是为格林威治公司工作是一个十分糟糕的决定。"杰米确信这些话在文斯听来将会像音乐般悦耳。

"别废话，杰米，你来电话很好，你在那儿干得怎么样？"文斯对他的竞争对手总是幸灾乐祸的。

"那好，我希望只有我们两个人知道……"

"当然啦，不用担心。"文斯有点心急地向他保证。

"情况还好，但不理想，不过我肯定能够应付得了。"杰米决定开门见山，"我想和你保持联系，万一我确定这个地方不适合我，我希望你能坦白地告诉我，是否还……"

文斯打断了这个回头浪子的话，说："听着，杰米，我会很高兴和你交谈，像这样的交谈可以经常发生，我们的人员流向电报合伙公司，他们的人员流向我们，这很正常，人偶尔会改变主意的嘛。"

虽然上班只不过6个月，但对电报合伙公司人员跳槽的情况，杰米知道文斯有些夸大其词。不过，他感到放心了。

文斯接着说："为什么我们不隔几个月就私下接触一次，看看你干得怎样呢？"

杰米同意了，感谢了文斯的知遇之恩后，挂了电话。

我怎样才能挺过年度规划会议这一关呢？他开始彷徨。

### 关于会议的惨痛经历

与竞争对手设想的相反，里奇·奥康纳对外出召开的会议上组织的煽情活动没什么容忍度，他的领导团队成员把他的会议称为"无拥抱区"，这个词是在5年前电报合伙公司领导团队会议上第一次做类似活动失败时发明的。那是杰米的前任莫琳娜，坚持要到公司外做一次团队建设的活动，并邀请了一个顾问为电报合伙公司的领导团队成员进行半天的培训。

会议一开始，她请来的顾问进行了一次信任练习，没多大意义也无关痛痒。这个练习要求让大家用眼罩把眼睛蒙上，仅凭声音和触觉来解决一个简单的问题。这个顾问是没有看到眼罩后面里奇在翻白眼，要不然他绝不会再试着去做下一个练习了。

当大家都摘下眼罩并围坐在会议桌旁时，顾问要求大家把自己的生日写在名牌上，然后把它挂在各自的衬衫上，让别人都能看见。除顾问外，莫琳娜和屋子里其余的人都注意到里奇的耳根都涨红了，这是他感到越来越不满的征兆。

顾问刚开始记录每人的星座时，里奇满脸通红地站起来要抗议，还没等他开口，莫琳娜就把他拦了回去，避免了一场现场灾难。她说："大家休息5分钟，去看一下有没有电话或邮件。"像小学六年级的学生下课一样，一屋子人一哄而散。

当领导团队成员再回来时，顾问已经无影无踪了。莫琳娜局促不安地站在众人面前，说："我只想说，我真的一点都不知道！一个朋友向我推荐这个家伙，我以为他知道该怎么做。"

同事们看出了莫琳娜的窘态。这时，汤姆走过来打破了沉默，他以十分严肃的口气说："真悬，里奇是狮子座，那还不把那个家伙给吃了。"大家哄堂大笑。

这个顾问的名字早已被人忘记，但他已变成了电报合伙公司的经典笑料。不过，莫琳娜每次在组织公司外的会议、活动时，都要至少安排一次演练，并确保能触动同事及他们那位不太关注人的领导的幽默感，放下恐惧，谈及一些平时不说的、不太愉快的经历或事件。

杰米惯于和那些嘴上说对一切"软"性方面不感兴趣的领导者们打交道。但是他发现，里奇和团队之中大多数人的行为比嘴上所说的要开放得多，他决定把他们从舒适区里推出去，哪怕只有几个小时也好，他认为他能做到。

领导团队看到会议议程的第一项是"掌控冲突"，都以为杰米在继续奉行莫琳娜创造的幽默传统。不过，大家认为杰米的第一次会议的题目还是很聪明的——此类型的题目对某些人不免会有所触动。

谁也没有想到杰米一点也不知道，在这儿幽默是怎么回事。

## 年度规划会议

对于外出的会议，里奇和他的团队喜欢在附近的一家酒店举行，有几个理由：从旧金山开车过来距离很短，这里有一个很好的会议中心，也许最重要的是，这家连锁酒店是电报合伙公司的客户，因此收费优惠。虽然该花的钱从不吝啬，但里奇和他的下属还是以拥有尽可能消除不必要开支的企业文化而自豪。

这次年度规划会议的情况有些不同，一是要开两天会，二是会议在一个叫作美多伍德的度假胜地举行。美多伍德位于纳帕河谷，低调但设施讲究，从旧金山北部开车有1小时的路程。

自从里奇对杰米进行绩效评估面谈以来，已经过去了3个星期了，杰米对他的老板及同事进行了比以前更为仔细的观察。结果，他搞清楚了两点：一是电报合伙公司的做法确实有点与众不同；二是他已经越来越感到与他们格格不入了。为此，他必须立刻采取有力措施扭转这种局面。

班车经过盛产葡萄酒的乡村朝着美多伍德开去，杰米坐在车里，觉得浑身不舒服，不是因为曲曲弯弯的道路，而是感受到了自工作以来从未经历过的巨大压力。

上午11点，人都到齐了，并在会议室的U形会议桌旁坐定。里奇站起来讲了几句，这也是他惯常的开场白："我长话短说，因为接下来这两天里有许多事情要做。这次会议标志着我们电报合伙公司已经连续8年，在利润、基础收入上保持稳定增长，我们取得了很好成绩。在此，我再次向各位表示感谢，感谢大家的努力、感谢大家的投入和奉献，我想各位都明白，这都不是空话。"汤姆对他老板这种朴实低调的风格不禁付之一笑。里奇又接着说下去："但是，正如过去我所说过的那样，不要把我们的成功认为是理所当然的，这非常重要。世界上一些一流的公司，市场份额比我们大，品牌比我们响，因为产生了自满情绪，认为自己无往而不胜，结果眼睁睁地走向彻底失败。"大家以前都听他说过，里奇的真诚让他们从没有忘记这些。

言归正传："如果想一想这些年来我们所取得的成就，可以归功于某个场景和某个时刻的话，那就是一年一度的年会。因此大家要再接再厉，群策群力，在接下来的2天里努力把会开好。如果真做到了，我们也可以玩一玩放松下。"里奇微笑着坐下了。

杰米听后愣住了，虽然几个月后他才不得不承认，这是在电报合伙公司短暂的逗留中，第一次开始理解为什么人人都敬佩里奇。但是，杰米不想让自己也倒向他一边，这意味着一旦他最终失败的话，就会更痛苦，而这种可能性似乎越来越大了。

里奇看了一眼杰米，按照安排，由他来开始会议的第一个议程："杰米，你先来吧。"

杰米如往常一样表现平稳，他故作镇静地说："好的，我打算把日程改一下，把开始的团队建设练习挪到最后去，这样做会更好些。现在先来研究汤姆的战略规划。"

在座的人丝毫没有察觉出杰米的惊慌。在大家的眼里这只不过是一处小小的改动，所以他们打开各自的活页夹，开始认真讨论起来。

首先讨论汤姆提出的问题，主要是针对两项备选的收购方案：一家是在索萨利托的零售咨询公司，另一家是在沃尔纳特克里克的小型电子商务公司。整间屋里，大家对做这两笔交易是否明智没有达成任何共识。大约90分钟里，7位领导者对每项交易的优缺点进行了充分讨论，有人两个都赞成，有人两个都反对，还有人只同意其中一个。杰米要用一张记录卡，记下每个人的观点。

在索萨利托收购案的财务可行性问题上，汤姆和丽塔的意见完全相反，他们的沟通方式让杰米吃惊。

汤姆先开的头："丽塔，恕我直言，你提出的各种法律问题并不足以使我们放弃这项收购，如果我们要回避每个可能发生的法律问题的话，我们可能早晨都不用起床了。"

丽塔小心地回敬说："行啦，汤姆，你知道我同你一样对财务运转良好的公司有着同样的兴趣，不过用我的法律职责和管理经验权衡……"

汤姆像往常一样，打断她的话："我知道，丽塔，你不是那种软弱无能的律师。"屋子里的气氛一下子紧张起来，直到丽塔笑了才缓和下来。

她讽刺地回答："多谢，汤姆，感谢你的称赞。"

她的反应让汤姆放心了一点，但还是觉得有些不好意思："你知道我的意思，如果不趁早在这类业务上下手，我们将会因为过分依赖高科技业务而陷入困境，在这方面我们需要有些紧迫感。"

负责咨询工作的副总裁马克插话说："汤姆，问题是，我无法保证能把别的项目团队的职责兼并起来，也不了解他们的管理能力是不是跟得上我们。"他停顿了一下说，"见鬼，我看你也够呛，尤其在头两个季度，我们的计划是保持增长，你会被压垮的。"

这次汤姆是等马克说完后才接着说："得啦，马克，你应该对我有更大的信心才对。"杰米很奇怪，汤姆似乎一点也不生气。

珍妮特是市场营销的负责人，她也补充了两句："我同意马克的意见，汤姆，你现在把摊子铺得太大了，有时我担心这样会压垮你的。"她发表这些意见后又把口气转过来说，"不过把零售和电子商务纳入我们的新战略，这是两年前就已经定下来的事情，在这两个领域上我们已稍微落后于格林威治公司，因此我认为应当设法解决这个问题，最好的办法是让汤姆把他的权责分一部分出来。"

此刻杰米肯定汤姆会做出反应。是的，他确实如此。

"请吧，请吧，请吧，谁愿意谁拿走。"汤姆开玩笑地说，众人都朝着这位COO微笑，"我郑重声明，竭诚欢迎大家提出建议。"

电报合伙公司的CFO巴里在这个早上第一次发言："汤姆，这比你想象的要更难，回想一下去年发生在我身上的情况。"桌子周围的人都点头称是。

里奇像往常一样坐着倾听，他心里清楚此刻还没有介入的必要。

又过了10分钟，大家从各个方面反复权衡，讨论变得愈加紧张激烈，唯有杰米像一个看网球比赛的观众，不知道为球场的哪一方喊加油。

最后，丽塔站了起来，大家立刻停了下来。"老实说，这一切只不过是一堆猜测，没有人真正知道正确的答案，但显然，谁也说服不了我。"在座的各位谁也没有想到这位有见识的法律顾问说话如此确定，屋子里鸦雀无声，"我想上洗手间，能不能休息一会儿？"

紧张的气氛一下子就消失了。汤姆提议："休息10分钟，12∶30再回来，午餐会有人给我们送来。"大家就都忙着打电话或到休息室去休息了。

迄今为止，屋子里的人，除杰米外，似乎人人都在精神振奋地参加讨论。杰米虽然从外表上看很自信，可内心却充满了失落。在他的职业生涯里，参加像刚才所见的那样的讨论会使他绝不会感到舒服的，不知不觉地，他很想从中找点毛病来，不为别的，求点安慰也好。

丽塔比别人先回到屋里。她刚要打开手机，杰米走了过来说："我希望你别为汤姆的话生气。"

丽塔似乎有些奇怪："我一点儿也没有生气，汤姆这人就是这样。"她停顿了一会儿又说，"你真的认为他们很粗鲁无礼吗？"

杰米误以为丽塔也是这么想的，其实，她问这个问题是在试探杰米。杰米说："是的，我是这样认为的，我知道他是出于好心，但是我们不注意的话，这样的交流是会出问题的。"

丽塔对杰米的话很反感："谢谢你的关心，但我不认为这是个问题，如果有的话我会立马告诉他。"

杰米赶紧转变口气说："很好，因为这很重要。就算他在你面前有点过分，只要你受得了就行，挺好，这很重要。"连杰米自己都觉得他的回答听起来很多余。

此刻，其他人都已回到屋内，里奇重新召集开会，这是他几乎自1小时以来，第一次开口。他说："诸位，我们已经分析了各种可能性。在过去的两个多星期里，我们对资金筹措、项目规划和所有潜在的不利因素做了审查，该有的重要信息都已经有了。现在到了该做决策把这件事敲定下来的时候了，当然，执行的方案也会影响最终的成败。"

大家都在点头，只有杰米拼命地乱点头，就像打开盖子的玩偶盒里的玩偶一样。他拼命想和这些人有同样的表现，好让他看上去已经融入了这个团队。

里奇问大家还有什么问题："那么，让我们先表决索萨利托这笔交易，大家同意不同意？"他朝丽塔看去。

丽塔语气沉重地说："我仍旧认为这太冒险了。"

马克摇头表示不同意。他朝着丽塔说："我同意你的意见。"

珍妮特提出了她的意见："我说，我们应当想一个办法。"

汤姆微笑着说："我赞成，但是我认为我需要帮助。"

巴里摇头叹气地说："真是难办，不过我看如果不做的话要比我们去试一下失败了更糟。"

其余的人都讲完了自己的意见。最后，杰米说了一句："我完全赞成。"没有任何理由的表态，显得有些格格不入。

里奇在这种口头表决的场合下惯常的做法就是，提出自己的意见并做出最后的决定。

"好吧，这当然不是拍一下板就能完事的，在工作量的评估和收购后的整合方案等方面，有许多实际问题要考虑，好在你们都已经做了很好的工作，把它们都摆出来了。实际上，今天早上我自己已经改了3次主意。"大家在听了里奇巧妙的表扬后都露出了笑容。"但是，战略上的急迫性占据首位。从我们现在的情况来看，靠自己力量发展零售方面的业务需要的时间太长，收购还是有必要的，我也不认为等到下个季度，或者是再下一个季度，事情就会变得容易一些，所以让我们开始干吧。"

杰米瞅着马克和丽塔，看他俩有什么反应。什么反应也没有。

然后，丽塔说："好吧，我们在这件事上已经讨论了很长时间了，大家也不打算把整个计划会议的时间都花在这上面。那么下星期二在我的办公室，讨论一下在各方面应做的配合和努力，以及为了确保成功所要做的其他事宜，今晚我用电子邮件把议程发给大家。"

马克抢先说："星期二上午我有事，改在下午吧，我是真想参加这个会议。"

丽塔点点头，并在她的日历上记了下来。

杰米哑口无言。丽塔和马克好像已经忘了他们在表决时的态度。他确定他俩肯定是掩饰了他们的情绪。在这个团队里暗中一定存在着不满情绪，于是，杰米决定把它挖出来，只有这样才能解脱他自身的压力。

## 另类会议

杰米在社交场合里是最能应对自如的，晚餐时，他的自信又恢复了一些。他一定要和丽塔多在一起，消除一下白天休息时他的言语过失可能造成的影响。饭桌上，他讲了一个妙趣横生却有意贬低人事工作的笑话，向每个人显示出他是个能自我解嘲的人。他开始相信自己能扭转局面。

到了次日早晨，他又有些忧心忡忡。他知道在今天的最后环节该他露脸了。到时他要主持一个意味深长的围绕领导力的冲突练习。虽然已有主意，但能否成功他还没有把握。

白天的会议是从里奇对公司的整体计划的季度总结开始的。以杰米所见，自从上个季度以来情况很少变化，可是里奇仍是面面俱到地做了介绍：从公司的使命、核心价值和业务定义到主要的组织目标。大家都听得津津有味，犹似初次听到那样。

这一天余下的时间过得和昨天一样，团队经过长时间讨论，解决了公司面临的许多业务上和经营战略上的问题——从市场营销、伙伴关系到公司设施的各种事情。整天的会议中，团队成员之间不断会发生一些小冲突。针对每次的争论，在杰米看来，他是断然不会那样去做的。

一个具体问题的讨论给杰米留下了深刻的印象，不是因为它有些火药味，而是因为这样一个可能引起扯皮的问题，竟然被轻轻松松地解决了。丽塔告诉大家，公司现在所在的大楼已经租不到更多的场地了。她提出的建议也代表了大家的想法："我们要么找个地方把两个部门搬出去，要么整个公司搬家，只有这两条出路。"

汤姆不相信公司的办公场所已经不够用了。他一直想回避这个问题，希望能拖则拖："我想这是个大问题，尽管我很怕这些事情。那么分出去的办公地点有多远呢？"

丽塔看了一下笔记本："相隔3个街区，有可供45位员工使用的办公室。"

马克不打算把他的部门搬出去。他说："我的办公室差不多够用了，看来我用不着搬。珍妮特，你那儿怎样？"

"我到年底将会有20个人，所以我还可以将就一两年。"

里奇决定引导一下谈话。他说："看来大家都倾向于分设一个办公场所，而不喜欢整体搬家。"大家都能觉察到他打算讲些什么，丽塔却上了钩，她说："我最怕整体搬家了，上次搬家花了那么多时间，又忙又乱地白白损失了差不多3个星期。"她终归是个实在的人。

里奇可不这么认为："对这些方案，我们不能给予短期这样或那样的理由去考虑，最好是退一步去问问自己，到底怎样做才符合公司的长期利益？"

马克看上去有些困惑，于是里奇解释说："想想我们的经营战略，还有公司的历史吧。"

汤姆接过了话，说："是呀，我们一直在强调克服团队协作障碍的重要性，公司分成两处办公不利于协作。"

里奇又补充说："如果我们把零售咨询业务的团队合并了，我希望的是把他们每个人都融合进来，而不仅是和珍妮特的部门，否则，他们永远也不会和我们融为一体。"

马克加了进来。他说："这倒是真的，如果不下力气去支持他们，我就别想去完成那300万美元的零售业务指标。"

尽管这些都很有道理，但是实际状况仍使丽塔感到气馁。她说："但是下个季度我们将在西雅图开设一个办事处，我们最终还是不得不习惯于分成几个办公地点，是吗？"

"是的，但是什么时候我们能避免这样……"里奇停止了沉思，"瞧，我想办公地点对于大家工作的沟通非常重要，不管是相隔两个街区还是200千米，很大程度上效果是一样的。"

汤姆帮腔说："还记得去年和特里尼蒂系统公司一起工作时的那种做法吗？在同一个校园的三栋楼内，只进行过那么一次战略计划和营销方面的沟通，真是太可笑了。"

"没错，这我知道。"丽塔心平气和地说，"不过我的生活又要一团糟了。"

"备选的两个新址在哪里？"汤姆想把谈话进行下去。

丽塔吁了一口气说："好吧，一处在新棒球场附近，一座面积不小还挺不错的大楼。还有一处在码头北面新建的一处高档写字楼，它看上去像个宫殿，价钱当然比前一处贵很多了。"

马克喜欢讲排场，他说："我赞成码头那里。"

这一回汤姆在讨论中充当了里奇的角色："像我们这样的公司选什么样的地方更合适呢？"

丽塔立即回答说："棒球场那儿的，讲究但是不过分，到机场和高速公路都很方便。这意味着客户和我们之间互相来往的时间缩短了。"

里奇进一步地提醒大家："我也不想使客户纠结我们怎么会租得起这么高档的场所。这实在不符合我们要谦卑并保持亲密客户关系的承诺。"

丽塔在小本上记了下来。她说："棒球场看来是正确的选择。我会去联系房产商，看看最快多久才能办成这件事。"她又转身对巴里说："我能不能雇一个承包人来处理搬家的事情，让我不至于忙死？这个季度我非常忙。"

巴里点点头说："没问题，我会审查预算的。"

谈话在顷刻之间结束，刚才所发生的一切使杰米几乎来不及反应。他回忆起他的职业生涯中参加过的许多次类似的会议讨论，从时间上来看差别太大了。电报合伙公司仅用了不到25分钟就做出了一个在别的公司可能要几个星期，有时要几个月的讨论后才能做出的决策。搬家会带来许多敏感的问题，有些领导者喜欢装腔作势，他们要看所有的计划，为自己争面积，要有人陪着去考察等。这一切在电报合伙公司都免了。杰米问自己："他们是怎么做到的？"

里奇重新把会议引入正题："好了，在杰米进行团队建设练习之前，我们先讨论一下大家要分头传达的内容。"里奇走向屋子前面的白板问道："下星期回到办公室，带给我们员工的是哪些关键的信息呢？"

杰米看着众人在以下关键信息中选来选去：索萨利托收购方案、下一季度的目标、两个促销方案、报销政策的关键性改革、一项新的培训计划和公司搬家。经过15分钟的讨论后，大家一致同意除索萨利托收购方案尚未最后决定暂不传达外，其他则按照清单中内容全部向下传达。随后，大家又花了几分钟讨论了一下，如何向员工解释一些敏感问题，以便员工了解全貌。

在布置完传达的会议内容后，里奇照常要提醒在座的各位领导者。他说："那么，在下星期一下班前，所有这些信息都应传达给所有员工。"他又补充说，"记住，如果我们不及时传达，忘掉了问题的精华，那么你的下属就会去听小道消息，别让这种事情发生。"

大家都点头说"好的，好的"，每个人都忙着记录白板上的内容。

之后，里奇讲了一句使杰米立刻紧张起来的话："好吧，杰米，你来吧。"

## 360° 反馈

在开会的这两天中，杰米在会上几乎不起什么作用，他决心亮出他的那个险招。他觉得能救自己的唯一办法就是，制造一种大的思想混乱，然后趁乱脱身，而这又必须从里奇身上下手。

当他站起来宣布这个练习时，知道箭已在弦上，怕也没有用了。在一位电报合伙公司工作了7年的资深经理的鼓励下，他开始说："谢谢，里奇。今天我们要回顾一下几个星期前我们填写的360° 反馈问卷的结果。不过，我们不回顾直接领导的下属的意见，只集中反馈领导团队成员之间相互的看法。"

没有人反对，虽说这对杰米来说也无所谓，不过，他仍旧松了口气，感觉他们好像都进入状态了。

"接下来，每个人都要读出另一个人的反馈意见摘要，这样一来，我们就都有机会客观地听听别人对自己的看法。"他发给每人一份反馈意见摘要，"每份意见摘要读完后，被反馈的人可以提出问题，大家可以对报告摘要进行讨论。"众人都点头，表明大家都已同意。杰米懂得，没有事先设计好顺序反倒更容易使团队接受这次练习。

"我们从汤姆开始。谁拿了汤姆的报告？"

里奇举起了手。

杰米最后指示："时间不多，我们赶紧吧。"

里奇毫不犹豫地打开报告，清了清嗓子读了起来。汤姆倒是急于听大家对他有什么意见，好帮他改一下脾气。然而摘要通篇都是好话。当里奇读完后，汤姆几乎有些失望。

不止一人觉得这份报告有些奇怪，因为他们记得至少提出过几条小小的改进建议。但报告中只有一条勉强算得上是改进意见，就是汤姆老爱打断别人说话。对此，他很高兴地表示总算抓到了一条意见，正好改进一下。

其余的人逐个读出另外一人的报告摘要。讨论生动活泼，不过一团和气。因为绝大多数反馈意见都是正面的，开始时那些觉得报告不准确的疑虑被一片鼓励和表扬之声压倒。会议变成了歌功颂德和互相吹捧的精神大会餐。

里奇也奇怪为什么竟没有什么建设性的改进意见。鉴于杰米营造的鼓励的气氛，以及过去两天会议的成功，他想这时指出这个问题可能会引起不必要的思想混乱，另外再找个时间比较合适。所以，他决定坐下来，舒舒服服地听加在大家身上的那些受之无愧的赞美。

只有杰米和里奇两个人还未讨论，谁排在最后呢？

结果是汤姆读杰米的报告，在读之前，屋子里显得有点紧张。杰米似乎也有些紧张，但举止还是很得体，其实，他只是在向听众博取点同情罢了。

马克试图打破这种紧张的气氛，他提了一个很直接，也是他正感到好奇的问题："对不起，汤姆，在开始前，我想知道这份报告是怎样得出来的，我只是对这个过程好奇而已。"马克小心地措辞，以免被人看起来像是在攻击杰米。

杰米支吾了一小会儿说："哦，报告当然是用电脑汇总得出的表格，之后由新来的负责沟通的专业人员索菲娅整理，她会找出倾向一致的意见，然后汇总这些意见，她以前做过很多类似的工作。"

丽塔在小本上做了一些记录。

马克微笑着说："谢谢杰米，汤姆往下进行吧。"

汤姆开始读："在杰米的报告里有3条主要的反馈意见。第一，这里提到每个人都承认他给团队带来了丰富的经验和专业知识。第二，他在工作中投入了大量的时间和精力。"杰米听后故作惊喜之状。"而第三条，是有几个人提出，希望你能更经常地直截了当地发表你的看法。"

汤姆读完后便是一阵尴尬的停顿。杰米知道此时他该出马了。他说："我想，我能不能和大家讨论一下最后这一条。"

众人热情点头赞同。

杰米站起来发言。他足足花了15分钟，滔滔不绝地大谈包括里奇在内的同事的优秀品质是如何使他感动。他解释说，他深被他们多年的行业经验所折服，也为自己在电报合伙公司的资历浅而深感自卑，既不过分夸大，也不信口瞎编，可谓恰到好处。

最后，杰米向大家保证，他将"努力加深对公司文化的理解"，使他能"很快地打消顾虑，多提意见，把同事们从舒适区中赶出来"。他学会了套用其他同事的话语，只不过不是同样的意思而已。

他说完后，大家感到只能说一些鼓励的话，不太好提什么改进意见了。因此，大家都说了一些场面上的客套话，像"不要着急""我们彼此都很了解"。

里奇觉得他的团队太友善了，不过，他再一次决定，不制造任何风波，顺利结束这一次总体上十分成功的会议。

最后，当讨论进行得差不多而杰米觉得已获得了足够的支持时，他转向了里奇。看了看手表说："还有15分钟，我来读里奇的报告摘要。"

他掏出一副眼镜，低头看着放在面前的纸上的内容："在里奇的反馈报告摘要中主要有4点。"在开始读之前，他停顿了一会儿，仿佛在浏览整个内容。

"不错，这里说里奇对公司呕心沥血，信念坚定并为之奋斗。"杰米停顿了一下，以便他的老板细细品味，"上面还说他精通业务。"汤姆点了点头，既证明了报告没问题也是为了支持杰米。

突然杰米皱起了眉头，仿佛想远离他将要读到的内容："但是，照报告中所说，他需要更多相信下属的判断能力，而少一点独断。"

一阵静默。

对于里奇的报告摘要和其他人之间的强烈反差，在座的每个人心中都一清二楚。本来对里奇的评语中有一些批评意见也无须大惊小怪，但相对于其他同事的，是有点过了。

里奇弄不清他是不是感到受伤了，他想发火，可是如果发火，目标又是谁呢？他感到无奈。

里奇是不怕下属不给面子、给他提意见的，实际上，他真心实意地欢迎他们提意见。多年以来，他通过营造一种坦诚相见、畅所欲言的氛围，建立了一个有凝聚力的领导团队，怎么能为区区一点无碍大局的意见就觉得受不了呢？但是，他不能否认，他确实有点接受不了。

杰米似乎很担心老板所处的窘境，他打破沉默，表现出让所有人都意外的淡定："好的，看上去这里有些事情需要讨论一下，谁先开始？"

又经过了一阵令人难堪的沉默，汤姆觉得为了里奇和杰米两个人，他得站出来挽救局面。他说："老样子，我来开个头。"屋里响起几声尴尬的笑声，在这个集体里这是极少有的。"我不知道别人是怎么想的，里奇，有时你可以对我们更加放心一些。虽然我必须说这也不是什么问题，可是我也不想成为你的跟屁虫。"

一阵欢笑转瞬即逝。

丽塔插话说："我的话只代表我的看法，但是我或许在我的意见反馈中写过你有点强势。"

杰米看到此刻的形势有可能要缓解，禁不住火上浇油地说："来吧，伙计们，这些信息都来自你们大家，别装作没事似的。"

珍妮特还没说过话，她不想让别人认为她有话没有当面说。她说："好吧，我也不知道自己在问卷中写过这些没有，不过我真的认为，你应该让我和马克去搞清楚上季度的账单问题，而不是让汤姆来插手。每次想起这事，我都会想你是不是以为我们对客户已经失去了控制。"

马克木然地点了点头。

尽管里奇以平常心对待他们的意见，但内心深处觉得，某些极其有害的事情已经悄然发生了。他不知道如何去应对，他的任何质疑或辩护只会证明报告的正确性，真是有苦难言，只得继续沉默。

杰米此刻插了进来。他说："听着，伙计们，我怕我们的时间来不及了，回办公室的班车还有10分钟就要开了。但是我们一定会在下星期早些时候再继续，我们不会让它不了了之的。"

　　他似乎真的再次为时间安排得不够而伤脑筋，没人知道此刻在他的内心深处，自加盟这家公司以来从没这么高兴过。

## 出现问题

　　尽管领导团队做了很多努力，可就是安排不出时间，举行一次后续会议来讨论里奇的360°反馈报告。每次有人提出一个时间，总是至少会有一人的日程安排有冲突，此人经常是杰米。

　　日子一天天过去，要开这个会的劲头渐渐消退了。遗憾的是，纳帕会议上最后15分钟滋生的那股奇怪的力量却并未消退。事实上，在随后一个月里，它一直在蔓延。

　　里奇在他的整个职业生涯中，第一次感到在大厅碰到他的同事时有些不自在。虽然几乎觉察不到，但不能否认的是，里奇对下属在某种程度上失去了信任，虽然他不至于不搭理别人去独自生闷气，但在言行方面似乎比过去5年来更加强势，这些微妙变化带来的影响告诉他，他正陷入麻烦之中。

　　变化之一是，每星期办公会议上决策的时间拉长了，甚至里奇和员工交流的次数也在逐渐减少，而且由于杰米新聘任的专职沟通人员承担了更多职责，负责确定信息发布的时间和内容，这种沟通也不如以前那么干脆、愉快了。

还有一些微妙变化也使人不安。电报合伙公司严格的招聘程序，在杰米貌似合理的"调整"下，也开始逐渐失去了它的效力。丽塔经常为法律诉讼案忙得筋疲力尽，于是就向杰米推脱这些事，杰米也求之不得。

这些新发现，让杰米对保住工作信心十足，他甚至打算一块一块地蚕食公司的绩效管理系统，削减经理们对员工发放奖金的自主权，减少定期考核次数，他把这些做法美其名曰为"扩大管理的灵活性"。

在正常情况下，这些事是不可能发生的。但是，随着里奇逐渐丧失信心，以至领导团队没有意识到正在发生的情况并加以制止，变化一点一点地发生着。

直到纳帕会议两个月之后，当丽塔和马克同里奇讨论沃尔纳特克里克收购方案的最后细节时，形势的严峻触痛了电报合伙公司的领导团队。

里奇在会议上的表现，他们从未见过：他在一项重大的战略决策面前退缩了。他说："马克，你在把事情安排给这些人之前为什么不多做一点分析呢？"他站起身离开了会议室，"你们自己决定吧，让我知道你们的决定是什么就行。"

会议结束之后，丽塔和马克都说，看到他们的老板对自己这么没有把握甚至有点懦弱，他们都吓了一跳。他们决定要做些什么，但不知如何着手。

在随后的一个星期里，发生了两件事情，证明需要有人来把电报合伙公司叫醒了。

## 坏消息

自从纳帕会议以来，办公会议变得越来越拖泥带水。虽然，里奇的状态有所恢复，但领导团队明白，他已经没有他们所期望的那种激情了。然而，决策依然在做，工作照常在进行。

一次会议结束时，珍妮特站起来对大家说："在休息之前，我有两个消息要告诉大家，不过没有一个是好消息。"她的话引起了大家的注意，"第一个是，马克和我刚知道，我们可能要失去特里尼蒂系统公司这个客户了。"

汤姆的脸都要发白了："什么？我以为他们是在埃米和她的小组掌控之中的。"

马克解释说："我也这么想，埃米也是这么想的。她找安德鲁·奥布莱恩谈过，安德鲁说，他们不能肯定这种关系再保持下去还能得到同样的价值。我猜原因可能是这样的，他们团队中有人告诉埃米，说他们很失望，因为最近一阵子都看不到我们公司的高层人员。"

里奇摇摇头："珍妮特，明早开个会一起商量一下解决办法，你、汤姆和我都参加，我们可以去找安德鲁摆平这件事。"

珍妮特低着头说："好，那我就说说下一桩事情吧。"她抬起头来望着大家，眼里含着泪水，"我就要离开公司了。"

谁也没有说话。

终于，珍妮特解释说："听我说，大家都知道罗恩和我要搬到哈夫蒙湾去了。我决定改变一下我的职业方向，我将开始在家里工作，开办一家做咨询业务的小公司，来看看我能做成什么样。"她停了一下，平复了一下心情，"在这里的4年实在令人难忘，不过现在是时候离开了。"她坐了下来。

杰米似乎对这个消息无动于衷，解释说："抱歉，我得去开一个有关保险金的会议。珍妮特，你的辞职计划我以后再找你谈。"

离开前，珍妮特向他点了点头。

丽塔看起来似乎肺都要气炸了。她迅速收拾好东西，谁也没有看，径直离开了房间。

汤姆和里奇交换了一下眼色。

## 真相大白

没过12小时，丽塔向每位领导者的收件箱里发了一封电子邮件，要求下个星期五晚上，在北比奇附近一家餐厅里举行一次工作餐会议。她指出，会议的主题是，讨论里奇的360°反馈意见的报告，并告诉大家，她已向各自的助手查过，他们都是有空的，最后她附言："我期望大家都能来参加。"

大家都看到了丽塔当时离开会议室时的表情，谁也不敢对此有半句怨言。

3个月以前，如果说电报合伙公司的领导团队会害怕开会讨论一个困难的话题，那简直是荒谬可笑的。可事到如今，这却是一个活生生的现实，而且最担心害怕的莫过于里奇。

不过里奇本来就不是一个推脱责任回避不愉快场面的人。作为CEO，他提前15分钟到达。他在拉菲尔斯餐厅找了个小小的包间，在长餐桌边上坐下，手里攥着那张过去5年来一直贴在他书桌上的褪了色的黄色公文纸。他已经把它揭了下来，并带在身上，希望能在某种程度上得到指引。虽然，他发誓要在同事面前掩饰自己的行为，但还是感到失败了。

接下来的10分钟在一秒一秒地过去，终于，汤姆、丽塔和马克大踏步地走了进来，几分钟后，巴里和珍妮特也来了，珍妮特还有3个星期就要离开公司了。

汤姆最先开口："好，我们开始吧。"

"杰米在哪里？"里奇随口问道，他对答案并不感兴趣，他正陷入沉思之中。

可能因为这样，他没有听清楚丽塔在说："他在他的办公室收拾东西。"

里奇皱着眉，好像并没有听懂丽塔的话，他说："什么？"

丽塔照实说："他要离开公司了。"

她的话瞬间使里奇怔住了："什么？"

"对，我们决定该让他走人了。"

里奇打断她："你们炒了他？"

"不完全是。"她解释说，"今天下午我们去找他当面对质，我们还没有提到要他离开公司，他自己主动辞职了。"

里奇可以看得出她松了一口气，但他被搞糊涂了："就这样？"他沉思片刻，于是问了一个很明显的问题："像这样的事情你们不觉得应该告诉我吗？"

"我们正在告诉你。"

里奇有些生气："我的意思是事先告诉我。"

汤姆抢着说："好啦，里奇，自从纳帕会议后，每件事情都变得很古怪。两个月来你好像完全变了个人一样，所以上个星期丽塔和我决定必须马上解决这个问题。"他停顿了一下，"我们做了一些似乎不太光彩的事情。"

里奇被搞糊涂了，而且看起来很担心。

丽塔解释说："我们找了杰米的下属专门负责沟通的员工索菲娅，要她给我们看了360°反馈意见的原始资料。"

里奇对违反资料的匿名准则而摇头叹气。

"相信我们这一次吧。"汤姆辩护道，"这样做是正确的。"

丽塔接着说："注意，信任和独断这些词在你整个反馈意见报告里只提到过一次，一次。"她重复地说着。

对于他自己的360°报告摘要的特殊性，里奇快两个月没有去想它了，他有一点糊涂，其他人都在微笑，显然他们事先都已经沟通过了。

"有什么好笑的？"里奇问。

丽塔脱口而出，说："你就是那个提到这些词的人！"她看得出，有必要给他澄清以下事实："这是你给你自己所写的话。"她看着她的笔记本高声念道，"我有时不知道我是否对他们足够地信任，我是不是太独断了？"丽塔大笑，"我们谁也没有写过这种东西。"

当团队成员知道了这种可笑的情况后，几个星期以来的紧张心情在笑声中烟消云散了。当大家安静下来以后，对这种混乱局面的严重性感到心惊胆战。

"那么他究竟说了些什么？"里奇想要知道。

"谁？是杰米吗？"丽塔问道。

里奇点点头，汤姆不等丽塔回答就抢着说："我从来没见过这样的事，你们知道吗？他向我们坦白说，他适应不了这里的文化氛围，我看他说的是真话。"

丽塔表示同意说："然后他同我和汤姆一一握手，并请我们向你表示歉意。"她停顿了一下，"差不多就这些了。"

弄清了所有情况，里奇慢慢消化着这一切，突然心中掠过一个念头："等等，那么你们这帮家伙在纳帕会议时，为什么不在这该死的发言中说清楚？为什么要让我受这些罪？"

珍妮特解释说："里奇，你替我们想一想，我们和你一样也被镇住了。不过我觉得我是唯一没有向你泼脏水的人。"大家不禁笑了。

马克插嘴说："大家都一样，谁能知道呢？况且他也不是伪造资料，只不过是利用了你自己写自己的这部分，做了些手脚让人相信它而已。"

汤姆承认道："我必须承认当时我是不想使杰米难堪，特别是在你的面前。我们都曾想方设法帮助这个可怜的人取得成功，自然就不太容易怀疑或指责他在报告上做手脚了。"

丽塔逗汤姆说："得了，你主要是不想再干人事工作吧。"

汤姆看着里奇笑道："不管怎么说，依我看来，这主要是你的错。"里奇有些困惑。"你应该坚持对这家伙进行面试。"汤姆微笑着又补充了一句，"有一半是在开玩笑。"

里奇点点头。

马克问了一个大家都在想的问题："那么杰米现在会做

些什么呢？"

丽塔转动着眼睛说："啊，我肯定这家伙一定会有备用计划的。"

他们知道得太少了。

# 格林的机遇

## 再次联系

杰米有着惊人的恢复镇定的能力，离开电报合伙公司几小时，他就下定决心要使他的职业生涯重上轨道。在里奇·奥康纳那里已经熬了大半年，他决心要想办法把这个事实好好利用一下。他的第一个电话就是打给文斯·格林。

杰米深信自己已经有了很容易被他接纳的筹码，所以他在文斯的语音电话中直截了当地留言："我已经离开了电报合伙公司，想重新探讨一下到格林威治公司为你工作的可能性，盼望和你谈一谈。"他留下了家里的电话号码。

当文斯收到杰米的留言时，他一点也不想回。但是3天后，当组织发展顾问做完电报合伙公司企业文化的介绍后，文斯对杰米·本德的兴趣顷刻恢复了。

文斯和杰米通了个电话，约好第二天早晨见面。他决定不要对将听到的内容期望过高，一部分原因是和杰米谈话让他有点负罪感，他发誓只要杰米稍微提及一点关于商业秘密或知识产权之类的内容，他就会毫不客气地把他从办公室里赶出去。他希望自己到时候不会因为欲望而违反誓言。

文斯走进办公室时心情不错，但是在等杰米到来的30分钟时间里，他发现自己的耐心和自尊正在逐渐消失。

回想过去的5年里，文斯作为一家公司的负责人越来越有挫败感。他像以前许多次那样，苦苦地思索为什么他的公司会落后于电报合伙公司，到底是什么使他不能超过对手。

他心想：这肯定不是因为聪明才智。在做生意，特别是咨询方面，很少有人在聪明才智和专业能力方面能与文斯相提并论。也不可能是工作态度有问题，文斯像工作狂似的夜以继日地拼命工作。几年前，当他听到关于里奇·奥康纳的"管理日程表"的传闻时，便断定电报合伙公司早晚都要为它老板的娇气付出代价。

当然，这种结果并未发生，而文斯却致力于执行更加密集的日程表，这样是对里奇·奥康纳的蔑视，但也更加剧他的挫败感。

和杰米会见的时刻快到了，文斯变得更加渴望，想尽快找出他长期寻找的答案，他甚至幻想，是不是可以在杰米到来之前就解开这个谜，那么他就可以取消这次见面，保留一点儿尊严。

这时，内线电话响了。

"文斯，你9点钟预约的人到了。"

## 约定会晤

杰米无数次想象过，自己在一家小酒店或没有名气的餐厅里和文斯会晤的场景。如今他已离开了电报合伙公司，直接到格林威治公司办公室已没有问题。实际上，离开也是一种解脱。

杰米到达见面地点时，还以为文斯会在大楼门前等候他的到来。他径直上楼向前台接待报到，然后坐下来边看《华尔街日报》边等待。

走出屋子，文斯马上认出杰米，他立刻注意到杰米比一年前要老多了。心想，那个地方想必把他折腾得够呛。

"你好，杰米。"文斯打断了正在看报的杰米。

"啊，你好，文斯。很高兴又见到你。"杰米以文斯没料到的自信回应着。

文斯请杰米进到他气派的办公室，并请他在一张真皮椅子上坐下，从座位上可以眺望阿卡特拉斯岛和安琪儿岛。

杰米对两家公司领导办公室的差异之大感到惊讶，而文斯似乎也知道他在想什么："是的，我对奥康纳办公室的简朴早有耳闻，是不是让我再听一些那边是怎样节俭的事情……"

杰米开玩笑说："我一定要把这一段省去。"

文斯笑着找话说："那好，很高兴又见到你，杰米。不过我不得不告诉你，去年你拒绝我们的邀请时，我有多失望。"

杰米局促不安地笑道："说什么好呢？大家都是会犯错误的。"

比起里奇来，文斯更容易中杰米的花招："吸取教训吧。"文斯也觉得自己的回答听起来很可笑。

杰米打破了冷场："那么，你的人力资源副总裁干得怎么样？我有没有机会到这里来帮忙？"对于这个问题的答案他早就做过充分的调查，文斯和他的领导团队都打算换人。

"听着，我们一向寻求优秀的人才，但是我很奇怪，你马上到这里来工作的话，在法律方面没有问题吗？"

杰米笑道："没有，电报合伙公司并没有设置任何限制条件，我可以为它的竞争对手工作。"

文斯有些吃惊："好，这是好消息。"他觉得此刻应当为下面将要进行的会谈设置个底线。"但是，你必须知道，如果你加盟我们公司，我会坚持不准你带来电报合伙公司任何有关知识产权方面的信息，包括今天。"

杰米装作诧异状："显然，这绝对不可能。我也是非常注重职业道德的。"

文斯觉得他的回答有些夸张，不过既然道德和法律上的障碍已经消除，他就急于想进入正题："那么，就随便谈谈那边的情况怎么样？"

杰米深深地吸了一口气，脸上露出了笑容。他早已排练好了："让我讲给你听，这是一家很古怪的公司。"

文斯觉得谈话有必要讲究严谨，所以挑战地说："那么，他们一定有干得好的地方吧。"连他自己都不相信他会替电报合伙公司说话，但他还不至于为了求得自我安慰而压制了解事实真相的欲望。

杰米很善于发现个人的隐痛，所以他吊了一下未来老板的胃口，说："是的，他们干得不错，不过那些事情我翻来覆去地想，也想不出有什么名堂。他们并没有做你们干不了的事情。"他一心要夸大其词，好使文斯上钩。这一招还真灵。

"什么意思？还有，重申一下，我们说好了不谈那些保密的……"

杰米摇了摇头，不等文斯说完就答道："不，没有这样的事。如果你问我的话，真不好意思，真的是非常简单。"

文斯的好奇心把他整得难受死了，不过他极力掩饰这种急不可耐的心情。他以一种不大关心的口吻追问："是吗？那给我讲讲吧。"

"好吧，这跟里奇·奥康纳放在他办公桌上的一张黄色公文纸有关。这只不过是一张清单，其中写了几条概念，他称之为'四项原则'。可以说，这个人对此念念不忘，他就用这些教条管理他的生活。"这一刻，杰米好像在挖苦他的前老板，又好像在佩服他。

"一张清单？"文斯大惑不解。他想掩饰急切心情的感觉立刻消失了，"里面说了些什么？"

杰米一心要把这位急不可耐的总裁多捉弄一会儿。他说："只有少数几个人才知道得比较详细。"他立刻就看出，文斯因为怕杰米不知道这张清单上的内容而流露出的担心的表情。为了不得罪将来的老板，他给文斯吃了颗定心丸，说道："可是我知道。"

## 原则一

杰米决定不能只是把四项原则背一遍给这位等急了的人

听，这会使他兴趣索然。他要把里奇及其下属不同寻常的行为举止描述一番，让文斯自己去理出头绪来。

他把这意思向文斯挑明，文斯勉强同意了，给他的助手打电话："特蕾西，请取消我上午的一切安排……谢谢。"挂上电话，"那么开始吧。"

杰米在椅子上向前坐了坐，仿佛真是很兴奋地把这一切讲给文斯听。"你绝不会相信这些人是怎么开的会，我在许多地方工作过，就没见过这样的场景。"

文斯不禁露出一丝笑容，问道："他们做些什么？"他十分愿意听到有人，任何一个人认为电报合伙公司是古怪的说法。

"他们经常争吵。"

文斯吃了一惊："真的？"

杰米与其说是在回答问题，倒不如说是在添油加醋地讲故事，他说："是啊，他们一有机会就吵，他们的会议就像家庭内的冤家对头碰在一起，总是有人为了一些事情发火，大喊大叫。这使我想起我的一些表兄弟。"

文斯想起他自己的办公会议来，惊愕地大声说："我打赌，他们的会议肯定不会枯燥乏味。"

杰米笑道："是的，我不会用枯燥这个词来形容里奇的会议。"他注意到直呼里奇之名使得文斯向后缩了一下。

"那么他们是怎样处理事情的呢？"在杰米回答之前，文斯又补充一句："他们又是怎样避免自相残杀的呢？"

"这就是叫人抓狂的地方。这些人争吵起来像兄弟姐妹拌嘴一样凶，不过不出10分钟就忘了，像我的表兄弟们一样，其中一个总会被打得鼻子流血，接下来的事情竟然是大家哈哈大笑。"

文斯听了目瞪口呆。杰米连忙解释说："我讲的是我的表兄弟们，不是指电报合伙公司有人用拳打过别人的鼻子。"

文斯笑了。

"不过有几次我真的以为丽塔会把汤姆打昏过去。"

"真的？"

"嗯，不完全是。但是她经常对他发火，习惯性地。有一次，在一个历时很长的会上，她真的叫他笨蛋。"

"汤姆是首席运营官，对吗？"

杰米点头："而丽塔是法律顾问。"

文斯知道这一点。他说："是的。所以这两个人是合不来的，从他们各方面来讲，很难……"

杰米打断他的话："不，我不是说他们相处不好，实际上他们工作配合得很默契，只不过似乎总是在开会时吵架而已。"

"为了什么？"

"预算、客户、职工，只要是你说得上来的。"

"鸡毛蒜皮的小事？"

杰米思索了一会说："不，他们在开会时才不会把时间花在鸡毛蒜皮的小事上，一般总是讨论相当重要的事情。"

文斯疑惑道："那么他们怎样来做决定呢？谁叫得最响谁就赢吗？"

杰米笑道："不，因为汤姆老是想赢大家，他们就要和他争论一番，然后由某个人，通常是里奇，把大家拉回正题进行表决。"

"那么他们每件事情都要投票表决？"

"不，那倒不一定。当问题争论不休时，里奇就会来做决定。不过，他们通常很快就会取得一致。令人不可思议的是，这些争论是在不知不觉地探求事实，而不会只是在提倡、鼓吹某种主张。"

文斯看出杰米对他的前同事们是在明贬暗褒，这不能不使他沮丧，变得不耐烦起来。

"那四项原则的第一项究竟是什么呢？"

"我还没有说完呢……"

这一次是文斯来打断他："听着，先告诉我第一项是什么，然后随你怎么去描述都行。"

文斯摆出了一副咄咄逼人的架势。杰米用微笑来掩饰他瞬间的恐慌，然后缓和了下来。

"建立一个富有凝聚力的领导团队。"

"什么？"

"这就是第一项：'建立一个富有凝聚力的领导团队'。"

文斯沉思半晌。"就是这些？"他顷刻之间变得自信和果断起来。

"是，里奇就是这样描述的。但是还有很多呢。"

文斯深吸了一口气，还想继续听下去："还有什么？"

"他们做过迈尔斯-布利格斯性格类型测试（Myers-Briggs Type Indicator，MBTI）。你可能听说过吧。"

文斯点头说："嗯，我想在读研究生时曾做过这类测评，记不清了。"

杰米立刻又活跃起来："这个非常有趣，你参加一个20分钟的测评，然后可以拿到一份报告，它会告诉你，你是怎样决策和安排事情的。"

文斯皱起了眉头："我听得有些迷迷糊糊了。"

"是会这样的，不过他们是用它来加深彼此的了解的，每个人都知道其他人的MBTI测试的性格类型，而且把它作为参考。"

"那么它的好处是……"文斯要杰米接着说。

"其中一点是免得他们相互猜测，并且在互相指出缺点时有了共同的词语。他们常说汤姆心情很不好的时候就是个外向型（Extrovert）的人，而把丽塔称作'J'（Judging）型人，使用MBTI测试的简单说法是——她是个过分注重细节和逻辑的人。"

这么一说，文斯完全茫然了。

杰米解释说："里奇想要使他的团队团结一致，就要求他们相互之间充分了解，这样才能做到彼此毫无保留。这些人真的亲如兄弟姐妹，一有难题，都争先恐后，毫不犹豫，一分钟也不耽搁。"

文斯忍不住酸溜溜地说："那么这些人根本就是十全十美了。"

"当然不是，他们当中一些人还是很有个性的，但是，有件事我不得不说一下，在他们的团队里，我从来没有听到过谁讲别人的坏话。"

"噢，继续说下去。"文斯觉得难以置信。

"你没有让我讲完，我说的是没有人在背后讲别人的坏话。"

文斯点点头，仿佛在说："哦，我明白了，看来一切都弄清楚了。"

杰米继续说："更难得的是，他们彼此互相关心。我觉得假如你喜欢他们，那当然不会有什么问题，对于我，这一切似乎过分了。"杰米似乎对他自己说的最后一句话也有点难以置信。

文斯第一次看清了杰米不可靠的面目，他真的觉得此人很坏，但还是决定引导他讲下去："那么，杰米，这第二项又是什么呢？"

## 原则二

杰米起身走到文斯办公桌附近的一个靠墙而立的橡木柜子前，打开柜子，不出所料，他找到了一块上面全是文字和图表的白板："我可以擦掉它吗？"

文斯看了一下白板上的内容说："行，擦吧。"

杰米慢条斯理地把白板擦干净之后，写下了四项原则的第一项。

原则一：建立一个富有凝聚力的领导团队

让文斯感到遗憾的是，杰米在写第二项之前搁下了笔。

杰米走到窗前，眺望海湾，好像要在波涛汹涌的海潮中的某处去寻找第二项原则："这第二项极其普通，但是他们实行起来却不同寻常。"

"你是打算让我猜吗？"文斯直言不讳地问道。

杰米考虑了一下说："不，要把这一项解释清楚真是太难了。"他回到白板前写下了下面的一项：

原则二：打造组织清晰度

文斯大失所望："应该还有更多的内容吧。"

杰米似笑非笑地说："是有的。基本上是关于消除公司内部混乱的，特别是在管理层。"

"什么样的混乱？"

"重大事项，如公司的认同、方向、战略、目标、角色和职责。"

"你说对了。这些听起来都很普通。我想没有哪家公司是不做这些事情的。"

杰米点头说："我同意，他们有些自视过高，难道真的认为他们的竞争对手连这些事情都不懂吗？"

杰米故弄玄虚的问题使文斯停下来深思："里奇的领导

团队理解得怎么样？"

"哦，他们可明白啦。他们时刻都在讨论这些问题。"

"那么他们是怎样做的？"

"如果在决策时遇到困难，他们就会从他们的价值观，或者他们的使命，或者他们的战略谈起。"

"他们是不是把这些东西贴得到处都是？"

杰米转了转眼睛说："没有，我曾经想把它们做成一张海报张贴在公司里，里奇不同意。其实，他的员工对这些内容了解得一清二楚，我跟你说吧，他们就像一群狂热的崇拜者。"

文斯不认为这样有什么不好，我的经理们有几个能够背出我们的战略、我们的目标、我们的价值观呢？我们到底有没有价值观呢？

杰米走到白板前，在第二项旁边写下了下列内容：

认同、价值、使命、主要目标、目的、角色和职责

"我想就是这些了。"杰米说，"无论如何，我都不认为这有什么了不起。"

文斯也这样认为。他把杰米写的内容记在电子记事簿上，然后问道："认同的确切含义是什么？"

杰米不假思索地回答道："他们的认同是关于……"

文斯打断了他的话："等等，我不想知道他们任何有关业务的信息。"

杰米看上去有点不好意思，因为他分享的也差不多算是一些机密的信息了，即使这些信息算不上什么高度敏感的东西。他话锋一转说道："认同是关于公司的同一性，是公司招聘人员的标准和内在动机。"

文斯点头："这和《基业长青》（*Built to Last*）里的核心目标和核心价值观相似。"他指向他书架上的一本书说："那么他们是真正注意这些事情了？"

"确实如此。不过我认为有些过分了。过不了多久就会过时的。"

这就是重点，文斯在想："他们是怎样运用价值观的呢？"

杰米又转动起他的眼睛，说："他们怎么会不用呢？他们时刻都在讨论价值观。不过关键的地方还是在用人方面，可以说是着了迷。"

"讲下去。"

"首先，里奇坚持要亲自抓管理层人员的聘用工作。他被认为是公司在企业文化方面的把关人，事实上他对每个求职者的考察，就是看他与公司的企业文化是否匹配。"

"那么他到底是怎样做的呢？"实际上，他还想问："那么怎么会让你钻了空子呢？"

"对于每位面试，在求职时都必须根据公司的价值标准来进行评价。当讨论是否录用一名新人时，就围绕价值标准进行讨论。面试时，他们都问一些行为举止方面的问题，根据应试者举的事例来看，他是否适合公司的企业文化。"

文斯沉默了，杰米似乎看透了他的心思："你可能会纳闷他们为什么会录用我吧？"

文斯摇摇头，但他静待杰米回答这个问题。杰米说："当时里奇正在度假。"少顷，两人放声大笑。

此时，文斯已经听得着了迷，追问道："其他方面怎么样呢？角色和职责？这些是怎么处理的？"

杰米扬着眉说："现在我不得不承认他们在这方面确实令人难忘。里奇会把每个季度的主要目标写在一块记事板上，要求每个人针对要达到的目标思考每个必须要做的事项。当针对每件事项都讨论清楚了要做的活动后，再把这些活动分解到各个部门，之后各部门再开始进行各自的目标制定过程。"

文斯记了一些下来："要是他们不同意这些目标怎么办呢？或者有人不喜欢他的任务……"

文斯看杰米指向原则一就止住了发问:"明白了。"

杰米接着说:"由于在角色和职责这些方面都很明晰,很少有空子可钻,人们也不会互相扯皮。"

出于无奈,文斯问杰米:"你能帮我们做这些吗?"此刻文斯似乎对杰米充满期待。

杰米为这突如其来的问题感到有些吃惊,说:"当然,如果你真的想干。不过我肯定其中很多地方你早已在做了。"

文斯为了给自己留些面子,只好不说实话:"哦,是,我们是这样,不过试一试也蛮有趣的。"

杰米耸耸肩,点点头。

突然文斯又怀疑起来,似乎从电报合伙公司这一套做法中找到了一个毛病:"等一下,到现在为止,你讲的都是电报合伙公司领导团队,那么这些事情在公司组织里是怎样贯彻落实的呢?"

杰米笑道:"这就是四项原则中第三项和第四项的任务了。"


## 原则三

杰米还没来得及讲话,电话铃声响了。文斯拿起听筒。

"你在开玩笑吧。"文斯有点不相信地边笑边看着杰米，"好，请接通他的电话。"

过了一会儿，文斯对着电话打招呼说："里奇，你好吗？"

杰米一下子没反应过来。

"事实上已经有些日子了，对吗？"

电话那头是里奇·奥康纳，这无疑是突然给了杰米当头一棒。文斯看出杰米的惊慌失措。里奇知道我在这儿吗？杰米想：这肯定是个陷阱。

文斯准备结束电话："没事，我一定在，恭候大驾，再见。"挂断电话。他看到杰米那副失魂落魄的样子觉得很可笑，逗他说："怎么啦？见鬼了？"

杰米有些心惊肉跳："怎么回事？他怎么知道我在这儿？"

"噢，放松点。首先我要告诉你的是，什么事也没有，里奇并不知道你在这里。"

"你接到他的电话，这正常吗？"

文斯笑道："你只要想，这是两三年进行一次的正常通话就行了。"他显然看出了杰米局促不安的样子，于是安慰说："别担心，杰米，你讲你的，没有什么可以阻止你我之

间的谈话。你真行，他们竟然没有让你签一个竞业禁止条
款。"

杰米并不是不相信文斯的说法，但是，仍感到有些不对
头，所以他坚持说："他想干什么？"

"我不知道。"文斯耸耸肩说，"不过如果他要见我的
话，一定是有很重要的事。"受到里奇的重视，文斯仿佛感
到一些宽慰。

杰米只是坐在那里摇头。

由于急切地想知道最后两项原则，文斯追问道："行
啦，我们讲下去吧。"

杰米好不容易才把注意力转回正题，即使如此，他开始
讲的第一句话毫无感觉，仿佛是从另一个人的口中讲出来
的："是的，第三项是关于交流沟通的。"他停住了，好像
已经讲完了。

"喂，交流沟通些什么？"

杰米终于缓了过来："哦，就是把我们刚才所讲的每件
事情进行传达，是清晰化的问题。"

文斯试着补充了一句："你是指目标、价值观、使命、
目标等？"

"对的，第三项原则是反复充分沟通组织清晰度。"

"反复充分沟通？"文斯皱着眉说，"听来有点负面的感觉。"

杰米点点头说："是呀，当我第一次读它时也是这么想的。但是，到后面才知道，里奇认为要把一些事情传达清楚，必须经过多次反复沟通，直到传达者觉得再进行下去是浪费口舌为止。"

文斯的面部表情似乎在说：这太离谱了。

"还记得前面我是怎样讲的吗？里奇团队里的每位成员都能满怀激情地描述有关组织清晰度的所有问题。"

文斯点点头。

"那是因为里奇在一遍又一遍地重复这些问题。"杰米的意思是觉得里奇过分重复传达了，"当然这么一来，他使得整个领导团队及其下属都一起做同一件事，于是全公司也都在做同一件事。我告诉你，里奇对此可以说是真正的念念不忘呀。"

"那么他们是如何做到这些的呢？"

杰米深深吸了一口气，好像一想起要重复就感到厌倦："一开始是对新职员做公司情况介绍，我运气好没赶上他那滔滔不绝的讲话，但是，里奇和他的几个下属每隔一个星期就要对新职员讲2小时关于公司历史、价值观、目标和其他相关的一切。"

文斯记下了一些。

"但这并没有完，"杰米接着说，"每次他发表讲话，发个电子邮件，或者即使和一小群人说话，他总是会重复讲这些内容。"

文斯有些不解地问："每次？"

"是，方式不完全相同，但是他不断地提起。这就像听我的祖父一遍又一遍地给我讲相同的故事一样。但是，在那里人们显然并不介意，每次他们都坐在那全神贯注地听讲。"

"那么他的团队成员和他做的一样吗？"

"和里奇做的不完全一样，但是他们也像喝了迷魂汤似的，上瘾了。"

文斯凝视窗外，慢慢地晃着脑袋。杰米以为文斯在为他所讲的荒唐可笑的事情而感到惊讶。殊不知，文斯开始对此有所理解了。

文斯把谈话推向更深的一层："之前你谈到过有关张贴标语的事，电报合伙公司没有把这一切内容到处张贴在办公室内吗？"

杰米一想起此事就有些愤愤不平："是的。他们宁愿不厌其烦地反复沟通传达，也不愿让我用5 000美元就公司的价值观方面搞一次活动，我曾打算用这笔钱做几件高尔夫球衫，印一些标语来装饰一下办公室。"

"是因为钱的缘故吗？"

杰米摇摇头说："不，是因为里奇。他坚决反对在表达公司认同的同一性方面做任何他认为的表面文章。"

"你觉得为什么？"文斯怀疑里奇是不是已经变成了一个古怪的暴君，他希望是这样。

"里奇老是说，你做的这些事情使人感觉像市场营销活动，它失去了它的——他用什么词儿来着？对，失去了它的'根基'。他说'这会让人觉得像是一句失去现实感的口号。'"

此刻，杰米和文斯都抬起头，看着会议桌上方墙上镜框里的海报，画中是一架在高空中翱翔的喷气式战斗机，背景则是一架尾翼冒着烟，机头朝下冲向地面的敌机，图下面的文字是"更聪明—更好—更快—格林威治"。此刻，文斯似乎感到有些尴尬，但他认识到这是在白白浪费自己的精力。

为了打破这种尴尬局面，杰米站起来走向白板，写下了原则三。

原则三：反复充分沟通组织清晰度

文斯看了一下手表说："哟，讲最后一项吧。"

就在此刻，听到了一声敲门声。文斯还没来得及反应，他的助理特蕾西已经探头进来，说："对不起打扰了，里奇·奥康纳已经上来了。"

杰米感到手脚冰凉。

## 原则四

"他马上就要来了？"杰米几乎不敢相信，"你没有说他今天要来。为什么不告诉……"

文斯笑道："安静，他迟早会知道你来这里面试。这是一个好机会，让我看看你有什么。"

有人敲门，还未等答应，特蕾西就开了门把里奇引入屋内，关上门走了。

里奇向文斯打招呼，并和他握手。当看到他的原人力资源副总裁时，里奇心里虽然平静却还是感到有些意外："你好，杰米，你也在呀。"

杰米看到里奇没有料到他会在场，霎时间放了心。他立刻又恢复了点自信，起身向前把手伸给里奇，说："里奇，很高兴见到你。"外表故作镇静，心里却七上八下，不知所措。

里奇笑着转向文斯，说："这样冒昧地通知你，你还见我，真是太感谢了，能不能和你谈几分钟？"

"当然可以。"文斯答道。他看了一眼杰米，对他说："能不能到外面等一下，特蕾西会给你准备些喝的。"

里奇朝着杰米加了一句："不过几分钟而已。"

"请便吧。"杰米微笑着朝门口走去。

等门一关上，里奇就开始说："文斯，我有个提议给你。"和往常一样，他总是开门见山。

"杰米在这里你会不会有些奇怪？"因为里奇的一个前雇员在他办公室里要投靠他，文斯有点扬扬得意。

里奇若无其事地说："我想他正在面试。"

"是的，我该不该雇他？"

里奇耸耸肩笑道："我的法律顾问时常告诫我，不论好坏，一概不做推荐，万一你说错了话，人家会告你的。"

两人都笑了起来。

"不过我得说一句，文斯，你一定要多给他引导和帮助，杰米，他没有世上最重要的自尊心，不知道你是否明白我的意思。"

文斯点头称是，既承认里奇的评价正确，也感谢他的忠告。不过，他的对手对以前的高管要加盟格林威治公司表现得十分坦然，他还是感到惊讶。

"不管怎样，你来找我所为何事？"

"我想把你的零售业务买下来，汤姆告诉我你大约有10家客户和15名员工。"

文斯奇怪里奇竟会对格林威治公司了如指掌。他说："差不多，不过为什么要买零售业务呢？"

"好，我想就我们在制造和分销方面的实力而言，这样做是很有意义的。与其另起炉灶组建一个部门，再通过你争我抢地把你手里的客户抢过来，我们倒不如坐下来讨论一下，零售市场究竟对你重要不重要。"里奇停顿了一下，期待从答案中看出一些端倪。他说："如果不重要，那么这笔交易对双方都有好处。另外，有本事的人总是很吃香的，我会从你的零售业务咨询人员中聘用一些人。"他又停了一下，说："这样做也会更加容易一些。"

文斯吃不准是里奇的直率还是自信更加让他吃惊。为什么他竟会把他的战略意图直接说出来，而且偏偏告诉我呢？

"在我们看来，我们的长期经营战略中，零售并不是纵向市场体系中占主要地位的部分。"为什么我要告诉他这些呢？里奇的直率好像会传染人，"我很奇怪为什么你会想到这些？"

里奇微笑着说："那我们或许就有更多的信息需要共享了。"两人都笑了。

"你打算要我们多少人？"

"这取决于面试结果怎么样。如果符合要求的话，我想至少可以录用一半。"

"那么价钱是多少呢？"

"我不知道。"里奇真的好像没有想过一个具体数字，"可以是零售业务年收入的3倍。这样公平吗？"

这个数字刚够让文斯去考虑这笔交易，但还不足以使他轻易地做出决策："需要什么时候给你答复？"

里奇考虑了一会儿说："我不知道，两个星期？"

文斯同意了："我打电话给你。"两个竞争对手互相握手。

"谢谢，文斯。"里奇远望办公室窗外，带着一种12岁孩子才会有的兴奋情绪说："这儿的景色真是美呀。"

文斯微笑着。从里奇的这句话中，他怎么也找不出有丝毫的挖苦别人或自以为高高在上的意思。片刻之中，他觉得里奇比他心目中想象的敌人要讨人喜欢得多。不过，他还是不愿意去推翻他以往的看法，宁愿相信，或许他的对手还没有露出真面目。

文斯领着客人走到门口，开门时，里奇突然看到了白板，他看到了上面写着他那张清单中的三项原则，看上去像杰米的笔迹。

虽然文斯略微有些尴尬，但他更好奇，想看一看他的对手的反应。

冲着打开了的门，里奇把杰米从门厅里叫了进来。

听到里奇的声音，杰米想起他忘了把白板擦干净。

进到屋里，杰米立刻看到他以前的老板正盯着白板在看。这一下，他觉得自己快要晕过去了。

里奇先开口："这是什么？"声音不带任何感情。

杰米结结巴巴地说："是，我正在给文斯看，呃，正在向他解释公司，我指的是电报合伙公司，为什么这样强……"

里奇很宽容地打断他的话："你认为这是对的吗？"

文斯也开始有些不自在起来："看来你们俩好像需要谈一谈，我让你们单独谈几分钟。"他离开办公室，关上了身后的门。

杰米急得像热锅上的蚂蚁："我不认为这会是个问题……"

里奇装作没有听见杰米可怜巴巴的求饶，打断了他的话："你把原则二弄错了。"然后，里奇走过去，在原则二的旁边补上了"战略"二字："如果没有明确的战略，目标和角色就不能协调一致。"

杰米目瞪口呆，他放心了。

文斯在门厅里看着报纸，等着屋里面的谈话结束。将近10分钟，门开了。

里奇先走出来，神态自若，杰米跟在他后面，看上去就像一个刚从一场生死浩劫场中逃出来的人。

里奇再次和文斯握手，说："当你想好了要谈的时候，打电话给我。"

"谢谢，里奇。"

文斯和杰米目送里奇走进电梯，然后转身回到办公室。

一进门，两人异口同声讲了一句："原来如此？"

他们神经质地大笑起来。杰米把刚才局面缓解的经过详细地说了一遍。

于是，文斯转身看白板。只见原则四已经写在上面，但不是杰米的笔迹。

原则四：通过人力系统强化组织清晰度

然后，他又注意到白板上的另一部分也以同样的笔迹写上了这些字：

凝聚力

清晰

反复充分沟通

强化

文斯不知怎么说才好，问道："是他写的吗？"他已经知道答案，问这个问题只是确认这个自己都觉得有点荒谬的事实。

杰米点头，指着白板说："是呀，他在原则二上做了补充，加上了原则四，并且写下了四项原则要点的省略写法，他说这样便于记忆。"

两人凝视着这块白板，摇起头来。

"我给你讲，"杰米说，"这人就是怪。"虽然已经放了心，但对里奇还是不免耿耿于怀。

言归正传。杰米和文斯重新在会议桌旁坐下。文斯开始说："怎么样？"

"什么怎么样？"

"你不想向我解释原则四吗？"

杰米笑着，好像在说，我们还有别的什么可做吗？他又读了一遍原则四："通过人力系统强化组织清晰度。要使其他三项得以持续，这一项是最重要的。"

文斯勉强在听。经过与里奇的会晤，这张清单的重要性引起的刺激似乎已经有些消失。在文斯眼里，里奇不再是个神奇人物，不过是个念念不忘他的经营哲学的普通人而已。事实上，文斯几乎对他为打听到里奇的秘密而兴奋感到惭愧。这并不难，他自忖，心中暗暗高兴，他的那种优越感和瞧不起别人的感觉又回来了。

他以一种新的怀疑的口吻说："对不起，原则四我没有听明白。"

"里奇是在讲，要建立一个组织系统，使电报合伙公司的企业文化得以保持下去，他常讲'企业文化应该融入所有事情里'，或者类似这样的话。"

"你是说像运营？业务政策？"

"不完全是，要记住，他考虑的系统是和人力及运营有关的——像招聘面试、人员录用、绩效考评、奖励，还有，"杰米几乎痛苦得要把这句话缩回去，"解雇。"

文斯仍然想了解更多的情况，但现在似乎想针对这些概念是否有效提出挑战："这些事情我们都做，电报合伙公司有什么不一样呢？"

"首先是他们那儿讨厌的面试。"杰米的愤恨之情使文斯好奇。

"他们做了些什么？"

"他们什么不做？"他抱怨道，"每个应试者至少要通过5次面试。他们坚持采用一套关于品行方面的关键性问题，不同的人用稍微不同的方法来提问。然后，把所有的面试者集合到一间房子里听报告。"杰米停了一下，说："这一套上至副总裁、顾问，下至前台接待员，一律都做。"

"你意思是说面试人员不能提出自己的问题？"

"他们能够，但是他们不得不花大量的时间在填写行为特性上，这看上去才是这个流程中的正常工作。"杰米意识到对自己从事的工作来说，这样的评论太讽刺了，"我是说，它不应当这样难，这样太死板了。"

文斯笑着说："你恨透了它，是吗？"

"我猜这是因为我不得不去实行这个制度的缘故。每当我想改变一下，他们就阻止我。我认为我应当有权利去决定如何为这个组织做人员配置。"

文斯皱着眉说："还有什么？"

"你是指面试？"

"不。这我已经知道。关于……"

杰米打断他的话说："绩效管理，这是我的另一项职责，我必须确保每一层级的经理为他每位团队成员写一份季度工作报告，这可真是一场噩梦。"

文斯笑着说："是呀，你可能就是因为要一次收齐那么多报表才急着打退堂鼓的吧。"

杰米摇摇头说："不，他们基本都会准时交表，只有一页纸，3个简单问题，没有人抱怨，至少没有向我抱怨。"

文斯感到奇怪："一页纸，讲下去。"

杰米想了一下："我想比这要稍微多一点吧。"

文斯乐了，好像在某些方面已经得到了证明，直至杰米解释说："背面也有一个问题，供选择，所以也可以说是两页纸。"

文斯的证据消失了。他问道："好了，那么这些问题是什么呢？不会正好是4个吧？"

杰米笑道："正好是4个。"

两人都摇起头来，好像在说，这真是一家古怪的公司。

文斯催杰米快讲给他听。

"这些问题是：你完成了哪些工作？下一步要完成哪些工作？你将如何改进你的工作？"

"就这些？"

"还有，背面的问题是：你接受这些价值观吗？"

"那么，为什么这就成了你的噩梦？"

"因为我不愿意问我的下属这些问题，也不愿意让里奇问我这些问题。"

"填写这一页纸要用多少时间？"

"比你想象的要长，因为人人都认真对待，但问题不在于填写报表，而在接下来的讨论。"

还没等文斯问，杰米就解释说："每位经理必须在一间屋子里用90分钟同每位直接下属仔细核对他的报告。"

"他们不会感到无话可讲吗？90分钟的时间真是够长的。"

"这正是有趣的地方。里奇老是说他希望人们无话可讲，因为这正是他们开始讨论重要事情的时刻。"杰米摇头说，"真是个怪物。"

"那么他们真的照着做？花90分钟在一起，同每位直接下属？每个季度？"

杰米点头，仿佛在说："难以置信，是吗？"

"如果他们能浪费那么多的时间来做管理评估，那一定是不太忙吧。"文斯看来又找回了信心，同时对里奇·奥康纳的魔力失去了兴趣。他站起来伸伸手臂，说："毫无疑问，他们不会快速增长，我想我已经听够了。"

杰米皱起眉头："你说什么？"

"我听够了。不过我谢谢你花时间……"

杰米打断他说："不，这句话前面，你是在讲关于他们的增长？"

"是呀，我时常搞不懂为什么他们没有能够更快地增长。他们虽然占据所有的优势，但我们仍旧和他们几乎一样强大。"

杰米突然改变了低三下四的腔调，他感到吃惊得说不出话来，于是以一种近乎伤感的口气说了一声："哼。"

文斯注意到了这个变化。他问道："你的'哼'是什么意思？"

"我想你最好还是坐下来。"

## 呈现真相

文斯不想坐下。他问道："为什么？"

杰米笑了笑，不是觉得可笑，而是因为奇怪和担心。他反问道："你真的不知道他们为什么没有做得更大吗？"

"算啦，我不认为他们在业务竞争方面的能力能比得上我们。每次到了投标的最后阶段，剩下我们两家一对一竞争的时候，多数情况下是他们获胜，但情况往往是，他们甚至到不了最后一轮，他们在第一轮讨论后就不见了。"

"就这个？"杰米问道。

"是呀，我真的认为他们在内部管理上浪费了太多时间，势必影响他们更积极地采取措施去提高增长的能力。如今没有人浪费得起那么多的时间了。"

杰米知道到了该告诉他真相的时候了，而文斯也已察觉到这一点。他问道："什么？还有什么是我不知道的？"

文斯终于坐了下来，杰米从椅子上向前靠了靠。他说："文斯，他们要想增长多快就能增长多快。"他停了一下，可是文斯没有听懂，他接着说："他们几乎每个季度都能够圆满完成收入和盈利指标。"

"是这样吗？"

"他们主动放弃的业务比他们承接的业务要多，里奇不想在现在就任意地快速增长。"

文斯脸上渐渐露出恍然大悟的表情，于是杰米进而又说："他们在第一轮以后就消失是因为，对这个业务他们选择了主动撤出，他们只承接他们想要承接的客户，你做成的交易多数是他们不想干而放弃的。"

至此，杰米又施以最后的一击："电报合伙公司并不想和你比大，否则他们是不会用这种方式来竞争的。"

文斯靠在他的椅子上，不敢相信这一切。杰米很想为占了上风而开心，但又不能否认有些对不住文斯，因为他看起来快要崩溃了。

# 问题解决

## 最后决定

在接下来的两个星期里，文斯经历了一场思想斗争，他拿不准到底该不该接受里奇·奥康纳的这套做法。最后，他选择了拒绝。

在鄙视他的对手如此长时间之后，他无力去更改主张，更不会把自己公司的希望寄托在一个竞争对手的思想观点之上，文斯下决心要按照自己的方式去争取胜利，所以他婉言拒绝了里奇收购零售业务部门的提议。他比以往更加努力地去发展公司。

又过了几个月，文斯还是时不时地感到失望和挫败，尤其是当看到他的公司在许多地方不如电报合伙公司时。有一阵，他试图不去理会这种感觉，但过不了多久，它们又像幽灵般地徘徊在他的心头。

文斯无法忍受和他的那个有功能障碍的领导团队待在一

起，缺乏企业文化和价值观的影响已经越来越明显。更糟糕的是，在他软弱的时刻，甚至怀疑只有那四项原则才能使他摆脱困境。

可是，即使文斯相信这些原则，却也派不上用场。毕竟，他对企业的这些方面没有做深入的调查，所以他无力在领导团队会议上充当裁判，也无力给员工做新人培训。文斯喜欢战略和竞争，仅此而已。自然，他不可能把全部精力投到像组织健康这类不确定的软性的事情上去。

在他的职业生涯中，文斯第一次感到自己正在丧失对事业的热情，他甚至从未想过他竟会去考虑今后将何去何从。

## 举旗投降

在文斯做决定之后的2个月又3个星期，一笔交易终于完成。文斯·格林把他一手创办的有着将近10年历史的公司出售了。虽然他曾经向他的竞争对手提出过，但他知道里奇是会拒绝的，所以这公司还是给一家大型的东海岸咨询公司收购了。

一年不到，文斯在家里待得不耐烦了，就又创办了一家公司，这次是家软件公司。虽然他曾担心自己能否重新激发起创业的热情，但是他发现，这是全新的开始，加上对四项原则的开放态度，他干劲十足。

与此同时，里奇决定加快步伐发展电报合伙公司，一定程度上也是因为他收购了几家专业咨询公司。3年之内，公司规模翻了一番，而里奇也较以前更少去参与那些直接和客户打交道的工作了。他发现他需要把更多的时间花在四项原则上，使他业已壮大的公司的成功得以保持下去。

然而有一家客户，里奇只要有空就会给予特别的关注，那就是格林软件系统公司。事实是，他接受了该公司CEO的邀请，成了他们董事会的一员。

至于杰米，他现在正在为另一家咨询公司工作，负责人力资源部门。汤姆时常开玩笑说，电报合伙公司巴不得向录用他的招聘者发一笔人才发现费。

里奇对自己能平静地希望杰米找到成功方法而感到奇怪。

# 后 记

里奇·奥康纳为何能取得成功？有人说他是个超凡出众的领导人才。我不这么认为。

当然，里奇具有许多非常优秀的品质，但是在许多方面他仍不过是个极普通的人。他像其他人一样会犯错、会有问题。然而由于他崇尚简单，遵循基本原则，这使他成了一名卓越的企业领导者。

这对于我们大家，对于一时还不能和里奇相提并论的人们来说是一个好消息，如果我们相信这个事实，同意成功在很大程度上不是取决于智力或天赋，那么，我们都有望成为卓越的领导者。

但是，反过来，如果我们被玩弄权术和争权夺利的事情搞得心烦意乱，我们就会像文斯甚至杰米那样成为蹩脚的领导者。

选择在于我们自己。每天都有。

# 第2部分

# 组织健康模型
# 与应用

# 将原则付诸实践
## 总结与自我评价

大多数企业的领导者通常会花大量的时间和精力在如战略、技术、市场，以及其他基于知识产权或资本的领域上。这是企业的聪明部分。

遗憾的是，无处不在和流动的信息降低了这类优势的持续能力，以至具备这些优势给公司带来好处的时间越来越短。这种趋势肯定要继续下去，而且很可能会加速。

然而，有一种竞争优势是每家公司都需要却被大大地忽视了，而且，它完全不依赖信息或知识产权，因此这种竞争优势可以始终如一地保持下去。这种优势被称为组织健康：它会引起一个卓越的企业领导者的高度重视，并且他会花很多的时间和精力在上面。

一个健康的组织是很少有办公室政治和内部混乱的，比起不健康的组织来，它的员工士气高昂，效率也高，有着较低的优秀员工流动率和较低的招聘费用。对于这些优秀特质的威力，大多数领导者都不会怀疑，而且大家都乐意让自己的企业具有这种特质。遗憾的是，大多数的企业领导者却苦于不知从何处着手。

首先要认识到，像企业成功的其他许多方面一样，组织健康说来容易，做起来却很难，它需要超乎寻常的承诺、勇气和持之以恒。不过，它并不需要复杂的思想和分析，实际上力求简单是关键，它甚至可以用一页纸的内容来概括。

其次要牢牢掌握这些基本的原则，并在日常活动中付诸实施。本书剩余部分将帮助你去理解具体的实施办法。

## 原则一：建立一个富有凝聚力的领导团队

建立一个有凝聚力的领导团队是四项原则中最关键的一项，因为有了这一项才使其他三项得以成立。这也是最令人难以捉摸的一项，因为需要团队领导和团队成员之间做出相当大的人际关系承诺。

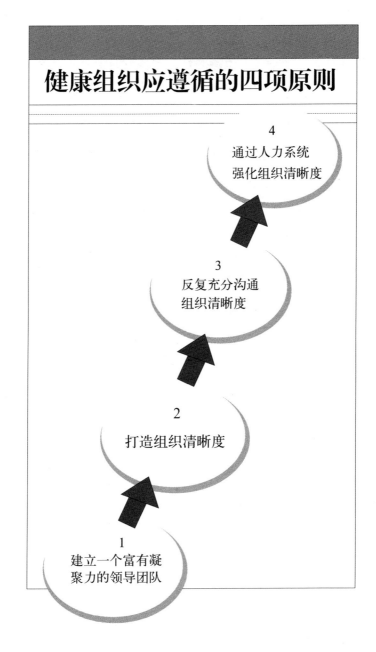

健康组织应遵循的四项原则

4
通过人力系统
强化组织清晰度

3
反复充分沟通
组织清晰度

2
打造组织清晰度

1
建立一个富有凝
聚力的领导团队

原则一

# 建立一个富有凝聚力的领导团队

有凝聚力的领导团队可以
通过以下方法建立信任，
消除政治斗争，
提高效率：

了解彼此独特的优势
和不足

公开参与建设性的
观点冲突

对彼此的行为
举止负责

对集体的决策
做出承诺

通过人力系统
强化组织清晰度

反复充分沟通
组织清晰度

打造组织清晰度

建立一个富有凝
聚力的领导团队

富有凝聚力的领导团队的本质是信任，其标志是没有政治斗争，无须为此担忧而耗费精力。每位领导者都想做到这样，但很少能够做到，因为他们不知道问题的根源就是最具危害的办公室政治。

办公室政治是一个组织高层中的问题得不到解决导致的结果，而在管理层中不把问题解决就试图来杜绝这种现象，那简直是枉费心机。虽然大多数领导者很清楚，在他们的领导团队中存在着政治斗争的问题，但他们都低估了它的严重性和对公司及员工的影响。

之所以会产生这种盲目现象，是因为领导者们认为他们之间只是小小的分歧，但在他们下属的眼中却是巨大的裂缝。当组织中的员工试图解决他们之间的分歧时，他们通常会陷入旷日持久的残酷斗争中，使问题毫无解决的可能性。所有这一切的产生都是由于组织中的高层领导团队害怕冲突，没有处理好一些小小的争端所致的。

这种问题的普遍性和严重性得引起注意。当一位领导者和他的同事之间有意见分歧而不打算当面弄清楚时，就注定了要使他的下属们在处理未决的分歧时浪费时间、金钱和精力。这使得那些最优秀的员工开始去寻找那些没有这种缺陷的健康组织，然后另谋高就，而留在那里的人就逐渐陷入了失望、互相猜忌和筋疲力尽的局面。

与此不同的是，富有凝聚力的领导团队会解决他们的分歧，建立彼此信任的环境，这既是为他们自己，也是为了他们的下属，他们保证组织中的主要精力用在专注于完成组织要求的结果上。而且，在这些组织里，出色的员工很少跳槽。

### 一个富有凝聚力的领导团队有哪些表现呢

首先，富有凝聚力的领导团队是高效的。比起没有凝聚力的领导团队，他们能很快地获得情感上的认同、做出决策，他们也根本不用担心他的同事们是否会执行承诺的计划。

识别一个富有凝聚力的领导团队，最好的方法是看他们怎样开会。他们的会议开得热情紧张，投入，绝不会枯燥乏味。

对于富有凝聚力的团队而言，会议是必不可少，也是至关重要的。这样的会议是讨论各种困难问题、挑战彼此的想法，并最终达成大家一致支持和坚持的决定，这个决定也是忠于公司最高利益的。

在富有凝聚力的团队中，大家都会彼此对不利于整个团队的行为负责。开会时，没有人看电子邮件或私下忙别的工作，即使在讨论并非和自己直接相关的问题时也如此，人人都精神饱满，积极参与。当会议中讨论的问题不是关键事项时，成员们就会质疑这是否值得占用他们的时间。

最后，富有凝聚力的团队也会发生争吵。不过他们的争吵是就事论事，不针对个人。尤为重要的是，当吵完以后，他们有惊人的度量，像没事人一样，接着又开始讨论下一个问题。

也有因争吵失控演变成了个人矛盾的例子——这是不可避免的，整个团队就要一起做工作加以纠正，保证没有人会心怀怨恨地离开会场。

遗憾的是，许多领导团队永远也做不到这一点。他们沉迷于轻轻松松、客客气气的办公会议，把会议当作从一大堆繁忙事务中解脱出来的一个栖身之所。其结果是，他们把这些会议变成了部门领导述职的宣讲会，既乏味又毫无鼓舞作用。

要做到富有凝聚力是否很难？当然是的。我们最好把这个问题换成："这样做是否值得？"如果你的衡量标准是生产效率的提高、人员流失率的降低、工作生活质量的提高，或者干脆就用减少无效会议时间来衡量成效，那回答无疑是肯定的。

### 如何建立一个富有凝聚力的领导团队

最重要的举措是建立信任，而建立信任的最好方法之一是示人以真，这不是什么和拥抱、握手有关的新潮的训练，而是一个让彼此了解、拉近距离的过程。遗憾的是，这种了解的程度只有少数团体能够达到，甚至在很多家庭都达不到。

有许多有效的方法来做到示人以真。没有哪种方法是万能的，而且也没有哪种方法是必不可少的。最重要的是，使团队的成员很舒服地让其他同事了解自己的本来面目，不用伪装，不用顾忌身份地位。

虽然建立一个富有凝聚力的领导团队没有一成不变的方法，但是，还是建议你先看以下几个已被证明行之有效的方法和指导思想。

- 迈尔斯-布利格斯性格类型测试。人们常把它称为MBTI，这是一个能帮助团队成员了解彼此行为特性，避免因误解导致危害的非常有效的工具。已经有几百万人测试和应用过，并已有不少应用于团队建设的事例。即使领导团队是最具怀疑态度的，也可从应用这个工具中发现重大意义，获得持久的收益。

- 《团队的智慧》（*The Wisdom of Teams*）。该书由乔恩·卡岑巴赫和道格拉斯·史密斯合著。两位作者介绍了最有说服力和有效的团队建设方法。《团队的智慧》〔及其姊妹篇《顶尖团队》（*Teams at the Top*）〕概述了对现实工作中真正团队协作及高绩效的团队的基本要求。

- 《CEO的五大诱惑》。这本书的目的在于，帮助领导团队成员自我识别其所受诱惑，并讨论如何在其团队中解决它。这本书对于了解同事的优缺点提供了独特的见解，特别是当领导者与这些诱惑有关时。

- 个人经历。虽然这听来有些像在"煽情"，但领导团队的成员花时间谈一谈他们的背景情况特别有用。人们相互了解各自的处世哲学、家庭历史、教育经历、习惯和兴趣爱好，比相互不了解的人会更愿意在一起共事。由于人们一生中的大部分时间都在工作，所以增进对同事的了解，对做好工作是大有益处的。

由此可见，不要指望到公司外去开一次会，或者在日程安排上固定一个活动就能获得凝聚力。实际上，建立信任的关键在于共度危难。像婚姻或其他任何有意义的关系一样，要增强力量的唯一办法是团结一心、共同去克服困难。最富有凝聚力的团队都曾面临过极其棘手的问题，甚至濒临绝境。但是等到生存下来之后，其互相信任的程度已经是牢不可破的了。领导者的关键任务就是要提醒团队成员：为什么困难时刻值得忍受，他们会获得什么。

当一个团队的凝聚力已经达到了一定水平时，能否保持，取决于持续把核心问题摆到桌面上来的意愿，以及能否遵守经常、定期地出席会议的纪律。出差和工作繁忙使定期聚集在一起开会变得越来越难，领导团队千万不能禁不住诱惑而去削减会议次数，这一点非常重要。不遵守会议日程安排，这在绝大多数的组织中是司空见惯的事情，但这正是领导团队开始出问题的苗头。

一般来说，就某一个具体团队的效率而言，团队凝聚力对于成功的作用远比团队的经验水平和知识程度的作用要大。作者曾经在一个满是行业名人和成功人士的领导团队中工作过，但是这个团队竞争不过另一个领导团队，他们缺乏经验、名不见经传，但是能互相信任并充满激情。非常简单，管理层的凝聚力是任何组织未来获得成功的唯一的最重要指标。

### 如何评估团队的凝聚力

可以问自己以下几个问题：

- 会议有吸引力吗？重要的问题在会上讨论了吗？

每家公司都有待解决的难题，需要下大力气去解决，对开会不感兴趣是一个很好的警示，表明团队成员之间可能心存芥蒂，在回避问题。要记住，绝对不能容许不断地召开枯燥乏味、令人厌烦的会议。

- 团队成员能否在争论中畅所欲言？彼此之间能否以诚相待？

每个领导团队，不论在何种行业，都应当满怀热情地积极投入到自己的事业中，即使团队相处得很不错，也会在开会时经常发生冲突，进行激烈的争论。

如果情况并非如此，很可能是缺乏信任，彼此之间不愿意开诚布公。即使团队是最优秀的团队，也有成员要互相对他们的态度或行动负责的时候，而此时有所保留是团队未来出现问题的必然迹象。

- 团队成员违规以后能不能道歉？他们有过违规吗？

当人们彼此相处时，不可避免会产生不满。有时候人们会情绪化，有时候他们会说些言不由衷的话。当这种情况发生时，关键是他们能坦然地向对方道歉。尽管这看起来有点软弱，但能够真诚地原谅和请求原谅的团队会建立强大的信任。

- 团队成员是否互相理解？

有凝聚力的团队，成员互相了解各自的优缺点，并可以毫不犹豫地指出来。他们还了解彼此的背景情况，这有助于他们理解为什么成员会这样思考和行动。

- 团队成员会避免彼此间的流言蜚语吗？

谈论一个不在场的同事并不是流言蜚语。流言蜚语要有中伤某个人的意图，而且总是伴随着不愿直接面对这些被谈论的信息。在有凝聚力的团队中，成员并不太在意同事们在自己缺席时讨论他们的前景，因为他们知道这符合团队的最佳利益。他们彼此信任，知道真正的流言蜚语是不能容忍的。

如果你的回答有任何一个是否定的，那么你可能就找到了一个让你的团队更有凝聚力的机会。开始这一过程的最佳方式是，与你的团队成员讨论这个答案是否定的问题，听听他们的回答。让团队成员就这些问题中最具挑战性的问题达成一致是解决问题的第一步。

## 原则二：打造组织清晰度

大多数领导者都自称，懂得在他们组织里开创清晰局面的重要性，可讽刺的是偏偏做不到。这大概是因为真正的组织清晰度和他们理解的并非一致。

要知道，管理顾问和战略专家多年来一直谈论着的使命宣言、目标、目的和价值观，已经滋生了一个制作海报的行业，他们专门用关于客户、质量或团队协作方面的空洞语言来装饰公司的门厅过道。

建立组织的清晰度并非仅仅去选用正确的语言描述一家公司的使命、战略或价值观，而是在驱动它的基本概念达成一致。

这为什么如此重要？因为这给公司全体员工一个共同的词语和一整套关于什么是重要的、什么是不重要的标准。尤其重要的是，这使他们可以不必非得在领导者的监督和指导下才能进行决策和解决问题。从本质上说，组织的清晰度使一家公司更有效地进行授权，并赋予其员工真正的自信心。

原则二

# 打造组织清晰度

一个健康的组织通过澄清
以下问题使潜在的内部
混乱降到最低：

我们为什么存在？
我们该如何行事？
我们做什么？
竞争对手是谁？
我们有什么独特之处？
目前最重要的是什么？
谁该做什么？

通过人力系统
强化组织清晰度

反复充分沟通
组织清晰度

打造组织清晰度

建立一个富有凝
聚力的领导团队

## 什么是组织清晰化的表现

一个做到了清晰化的组织，所做的每件事情都有一种团结一致的感觉。整合运用各种资源，特别是人力资源，以共同的理念、价值观、定义、目标，以及战略为基础，实现所有卓越公司所必须做到的协同效应。

其结果是一种毋庸置疑的专注感和效率感，即使领导者最注重量化管理，也能接受这些概念。当公司上下对于如公司将走向何方，怎么样才算取得了成功，谁是竞争者，需要做出哪些努力才能争取胜利等问题都有共同一致的理解时，那么时间和精力的浪费就会降到最低，从而产生强大的动力。

这类组织中的员工所拥有的自主权的程度似乎高得惊人。他们在采取行动之前都知道行动的界线，并知道什么时候才向上级请示。他们的自行决策能力开创了一个授权适当、目标明确的高效的工作环境。

既然有这么大的威力，那么，为什么不是所有的领导者都在组织内打造清晰度呢？因为他们中的许多人过分强调了价值观的弹性。为了使他们的组织成为灵活的组织，他们在明确指出发展方向的问题面前踌躇不前，或者态度不坚决。这样做是为了给他们在中途随意改变计划提供方便，这是自欺欺人，也很危险。

具有讽刺意味的是，真正灵活的组织偏偏在任何时候都敢去打造组织清晰度，即使在对此还不能完全肯定是否正确的时候。如果他们后来发现需要改变方向，他们就不会犹豫也不会后悔地去调整，然后，使新的想法或答案变得清晰。

如果组织在行为上要实现真正的清晰，领导团队必须要有勇气，并做出承诺。一般来说，要做到清晰化，并不见得非要比竞争者更聪明，也不是非要在行业中更有经验，但是，毫无疑问要绝不害怕犯错误。

因此，像使命、愿景这些在大多数公司中很常见，但很少能真正做到明确而清楚。遗憾的是，清晰化产生的力量是无与伦比的，它为沟通、招聘、培训、晋升和决策打下了基础，成为一个组织共同承担的依据，这是取得长期成功的必要条件。

### 一个组织怎样才能做到清晰化

要做到清晰化的最好方法是用明确的语言和方式回答与组织相关的一系列基本问题：

- 组织为什么存在？它的存在给世界带来什么不同？
- 什么样的行为价值标准是最基本而不可替代的？
- 我们从事的是什么业务？竞争对手是谁？

- 我们的方法和竞争对手有何不同？

- 我们本月、本季度、今年、明年、5年后的目标是
什么？

- 为了完成本月、本季度、今年、明年、5年后的目
标，谁必须做些什么？

虽然其中一些问题可能看起来有些深奥，而另一些是战术性问题，但它们都很重要。关键是，一个健康的组织在任何时刻都能对任意指定的问题提供明确的答案。要是没有这些答案，内部混乱和犹豫不决就会侵袭这个组织了。

实现组织清晰化的关键是，要紧紧抓住每个问题的本质，而不能禁不住诱惑陷入在答案上玩文字游戏的沼泽。领导团队经常在讨论清晰度时陷入"营销模式"，一开始就去想对外推销的信息和标语，而不是使他们在基本概念上取得一致。

除这些常见的干扰外，每个问题都有其独特的挑战，以下将对此加以详细讨论。

**组织为什么存在？它的存在给世界带来什么不同？** 回答这个问题的挑战是，如何使心存疑虑的领导团队相信，这个问题的答案和组织及全体员工日常工作息息相关。虽然乍看起来很深奥，但它为组织做出的几乎每次决策都奠定了

基础。

有一家很成功的网络咨询公司曾宣称，公司的存在就是帮助人们去实现其理想，认为公司为世界所带来的变化就是促成一些新公司的开设，给人们提供和创造新的生意方式的机会。这听来似乎非常不错，但只有公司以此来指导它的大部分决策时，这才是有价值的。公司收购两家小公司时，就是因为他们怀有实现梦想的热情才被选中。每当评价一个新的项目、求职者、新的市场和战略时，总是要问一问是否符合公司存在的根本原因。领导团队将公司成功很大程度上归功于他们明确公司为什么存在，并能长期坚持这一原则。

对这一普遍原则的清楚解释，可参考吉姆·柯林斯和杰里·波勒斯合著的《基业长青》一书。书中对这一概念进行了详细描述，并给出了一些能说清楚其存在的理由及他们核心价值观的公司的例子。核心价值观的概念会在下一个问题中讨论。

**什么样的行为价值标准是最基本而不可替代的？** 回答这个问题的关键是，要避免在答案中把现有的好的价值观统统都罗列进去的倾向。许多公司曾想宣称，他们要在质量、创新、团队协作、职业道德、诚信、客户满意、员工发展、财务结果和社会活动参与等方面做出贡献。虽然所有这些品质都是大家所希望拥有的，而且甚至可能于某一时期存在于一家公司。但寻求核心的价值观需要高度的专注和深刻的内省，并要认识到，并非所有好的东西都是一个组织的必要条件。

事实上，最健康的组织往往能找出少量的对它们的企业文化而言最重要的价值标准，并且无一例外地坚持这些标准。这并不是说它们拒绝其他的价值标准，而是它们懂得哪些标准是它们的核心品质。这一认识使得它们的决策容易进行，也给了员工、客户和股东一个可以代表公司的精确画像。

在《基业长青》中，柯林斯和波勒斯提供了许多例子，说明公司如何找出并利用其核心价值观来指导公司的决策。其中有一点值得在此重复一下：核心价值观的选择并不是建立在领导者凭空想象的基础之上，而是在组织内部已经存在的东西中去发现。

可以帮助领导团队找出他们的核心价值观的一个方法是，要求他们考虑两三位他们认为最能体现公司优点的员工，这些人不管责任和经验水平如何，大家都乐于聘用与他们相似的人，然后让他们用一两个形容词来形容所选出的员工。通常会有相对较短的相同的或相关的术语列表。

为稳妥起见，可以再让他们找出一两位由于品行或工作表现问题已经离开公司，或者将要离开公司的员工，要想出这些名字从来也不费多少时间。接着，再让他们同样用一两个形容词来形容这些人，几乎不会出错的是，大多数团队成员所用的形容词是相同的，而且体现在公司核心价值观的对立面上。

另一个找出核心价值观的方法是专门去找与这个组织的创始人相同的行为价值观。这种方法对于难以反思新老员工情况的新公司来说特别有用。

确定一个组织的核心价值观的错误做法是在全体员工中进行调查。这种方法用来验证一个假设可能很有用，不过代替不了一个领导团队的讨论和内省。更重要的是，这有可能导致出现领导团队不愿意支持的核心价值观。

以上这些不过是可行的少数几个领导团队找出核心价值观的方法。不论采用什么方法，切记不能心急。在组织中大规模传播之前，这些最初的答案应当加以验证，应该在实践中进行检验。

我们从事的是什么业务？竞争对手是谁？我认为一家公司不能使每位员工，当然包括每位领导者，对公司从事的业务的基本定义解释清楚，就算不上是家卓越的公司。这看来似乎很简单，但在大多数公司里，不能确切定义或描述组织基本使命的员工比比皆是。

顺便说一下，使命这个词经常让人困惑。有人认为使命是一种理想的较为崇高的说法，也有人认为是组织的目标，还有人称之为企业的定义。作者的建议是，凡是存在这种混乱现象的组织一律停止使用这个名词，而是根据情况使用不同的词语。

不论选用哪一个词语，一家公司必须要能够明确地说清楚它经营什么、为谁服务、竞争对手是谁。为什么？这是因为，要使全体员工都觉得自己像公司的推销员或销售代表，没有对公司业务的基本理解是做不到的。更重要的是，没有这种理解，员工就不能把自己的作用和公司的发展方向联系起来。

我们的方法和竞争对手有何不同？从本质上讲，这是一个战略问题。大多数公司会用不同的方法去定义和对待战略。尽管在商学院和商业传媒中，战略是一个很热门的话题，遗憾的是，它究竟是什么意思却还没有一个清楚而简单的定义。

一个组织的战略既可以什么也不指，也可以包罗万象。意思是，无法用一个单独的概念来总结出一家公司的战略，而公司的每项决策都服务于或受到公司战略的影响。

以西南航空公司为例，如果你问大多数人西南航空的策略是什么，他们会说以下都是：票价便宜，航班准时起飞和到达，优秀的服务和地区性航线等。再给他们几分钟，他们会再加上几条内容：不摆花架子，没有头等舱，没有内定的座位，风趣的穿短裙的空姐。所有这些特点都是真的，那么哪条组成了西南航空公司的战略呢？它们全部都是。

当然，前面几条可以被认为是公司的战略锚，但航空公司所做的每项决定，包括让员工穿短裙，都和战略有关，甚至，正是这些决定的集合才使西南航空公司得以区别于其他航空公司。票价便宜并非独此一家，航班准时也是如此。把这些优点和其他加在一起，就可以清楚地看出西南航空公司选择了一条与其他航空公司不同的战略。每个组织都应该能做得那么清楚。

关键是要花时间研究公司曾经做出的所有决定，即使最明显的也不放过，从中找出，并加以组合，找到使公司获得成功的独到之处。

**我们本月、本季度、今年、明年、5年后的目标是什么？** 由于使用名词的不一致，针对目标的表达给组织带来了另一个问题。因此，要在不同类型的目标之间使用适当的词语加以区别，以消除混乱现象。

在最高层面上，一个组织在给定的时间内应当有一个基本的主题目标。这个主题目标可以包括生存、效率、专业特长或增长。不管是什么内容，主题目标的内容是号召全体员工，不管什么岗位都奔向一个共同的方向。一个说明主题目标的好方法是完成下面这个句子：

"今年我们的组织将……"

在主题目标之下，应该有跨越组织并支持其主题目标的主要策略目标——分解目标，它包括组织内支撑主题目标达成的所有事项。例如，如果一个组织的主题目标是增长，则它的分解目标可能包括增加收入、新增客户、录用新职工、扩大新址、提高市场知名度和改进基础设施等。如果主题目标是生存，则分解目标的种类可能有包括达到财务稳定、留住员工、留住客户和改善公共关系等。

像组织清晰度的其他许多方面一样，这里的关键是要把精力集中在关系最重大的领域，防止面面俱到。例如，即使一家公司正在成长，也需要留住职工。可是，招聘新职工可能与主题目标关系更密切，需要更加重视。同样，一家处于求生状态的公司固然对争取新客户感兴趣，但是在一个给定的期间内可能要把留存客户放在更重要的地位。

一个组织必须对这些目标中的每一项，都做到明确而详细。有多少新客户？什么时候？从哪个地区获得？即使面对不确定的情况，也要具体明确需要完成的程度，这是健康组织的一个标志。

最后，分解目标需要和长期衡量组织成效的指标相协调，这就是标准运营目标。例如，每个组织实际上都有维持日常运营要持续考核的量化指标，如营业收入、费用支出、利润、职工流失率、员工满意度和生产效率等。这些目标记录着各时期的成绩，可以评价实现主题目标所采取行动的效果。

许多组织都犯了用指标代替主题和战略目标的错误。这是一个问题，因为标准运营目标多是指标，它并不能激发职工的热情，也不能使组织中的行为围绕主题目标或分解目标发挥协调作用。

总而言之，健康组织必须具备以下几个层次的目标。

主题目标：什么是这个时期最重要的？

分解目标：什么是为达成这个最重要的目标必须完成的关键事项？

标准运营目标：什么是被组织保持的、日常运营的持续性指标？

一旦一个组织把这些目标都做到了很明确的时候，就可以号召各个部门确立自己的目标，这些目标应与组织的整体方向保持一致。这就需要领导团队较早地制定目标，避免在组织应实现的目标上扯皮而延误时机。

**为了完成本月、本季度、今年、明年、5年后的目标，谁必须做些什么？**为了做到清晰，组织遇到的最大的问题之一是，不能把公司目标转变成领导团队中每位成员的具体责任。虽然这看起来是项基础性的工作，但大多数的组织对于分解目标并清楚地对应授权给团队成员做得并不好。一定程度上是由于它们做了个危险的假定，即任务要根据一个人的头衔来定，也因此导致它们回避而不愿指出谁真正应该负什么责任。

每位领导者对一个销售副总裁和一个营销副总裁之间有什么区别都有自己先入为主的看法。然而，当要针对具体目标去分派任务时，必须抛掉这种成见，要站在团队整体角度看谁最适合这项工作，为什么他最适合。

在某些情况下，由于领导团队在组织目标确定之前就已经对成员进行了职责分工，这就容易导致角色和任务不明确。要避免这种情况，应该先确定好组织的战略目标，然后再问："为了实现每个目标，我们必须做些什么？"每个战略目标都有许多子目标，所有这些子目标个个都应有明确归属。

只有把每个目标进行分解，并分配给适当的领导者，落实到人，才能分清职责。当一个目标看起来似乎需要领导团队集体负责时，仍需要指定一人作为该目标的所有者。责任不能落实到人，即使团队是最好的，也难以分清责任。

此处值得重申的是，为了在这方面做到清晰，其关键之一是在"谁最适合干什么"的问题上要勇于进行建设性的冲突，充分探讨直到达成一致意见，这也适用于实现清晰度的其他方面，可以想象，没有原则一，这是完全不可能的。

### 如何评价组织的清晰度

这非常简单，让团队成员分别回答本节中提出的问题，最好是把答案写成书面文字。然后坐在一起，每个人向其他成员分享他的答案，根本性的分歧就会被痛苦地暴露出来。记住，当回答以上问题时，大家使用稍微不同的表达方式是可以的，因为你们寻求的是思想的一致。

## 原则三：反复充分沟通组织清晰度

一旦领导团队实现了组织清晰化，就必须把它传达给全体员工，这是四项原则中最简单的一项，但可惜的是，大多数都没有做到。为什么说可惜呢？因为完成了四项原则中的原则一和原则二的有关工作之后，不去收获这些成绩所带来的好处岂不是很令人遗憾，尤其这又是如此简单。

## 原则三

# 反复充分沟通组织清晰度

健康的组织通过以下方式沟通关键信息，让员工围绕组织清晰性进行协调。

**重复：** 不要怕一遍又一遍地重复同样的信息。

**简明扼要：** 信息越复杂，越有可能产生混乱和不一致。

**多种媒介：** 人们接收信息的方式是多种的，用多种媒介传递能帮助大家更好接收。

**同时分头传达：** 领导把关键信息传达给直接下属，以后逐级逐层传达，直到所有人都听到为止。

通过人力系统
强化组织清晰度

反复充分沟通
组织清晰度

打造组织清晰度

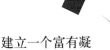

建立一个富有凝
聚力的领导团队

### 怎样理解反复充分沟通

在公司内部进行反复有效的沟通，就是要使公司上下各部门的员工都了解公司的前景，以及他们该如何为争取成功去做贡献。他们用不着花时间去猜测领导者在想什么，也不会在收到的信息中寻找可能隐瞒的信息。这样的结果是，产生了强烈的目标统一、方向明确的感觉，避免出现可能产生的只为自己部门利益或小圈子的现象。

健康的组织中的员工对他们获得的信息量之大和重复率之高感到可笑，有时甚至会开玩笑。但是他们为能够知道事情的进展，不被蒙在鼓里而感到高兴。

### 领导团队如何进行反复充分的沟通

首先，应明确做到充分的反复沟通的3个关键性要点：重复、简明扼要和多种媒体。很有意思，这些都和表达能力、表达风格无关。

**重复**。这一点和害怕重复有关。很多领导者都不喜欢总是一遍又一遍地重复同样的信息。因为他们比较聪明，把听众看成和自己一样，于是他们做出错误的推断：一旦员工听到信息，就等于他们都已理解并且赞成了。

另外，有些领导者抱怨说，一个信息传达过一两遍后还要重复，这使他们很厌烦，他们想要去解决组织内的其他问题。他们喜欢解决问题，觉得重复性的传播一点也不刺激。

遗憾的是，为了掌管一个组织，有效的沟通需要重复。有的专家说只有听过6遍之后，一个信息才开始被人相信，并开始相信并内化它。就算只有3遍，想一想一个组织中每位员工都要听过3遍的话，领导者得传达多少次。

在一些组织里，这个问题尤其普遍。领导者几乎毫无例外地抱怨不得不去老调重弹地重复那些说烦了的信息，但是，隔不了多久他们又抱怨员工不听他们传达的信息，也没有采取行动。

成功沟通的关键之一，是要习惯于在不同的听众面前，用稍微不同的语言，一遍又一遍地讲同样的事情。问题不在于他们是否听烦了，而在于他们是否听懂了、接受了。

**简明扼要。**有效沟通的另一个关键是，要有避免使关键信息过于复杂化的能力。多年的教育和训练，使得大多数的领导者在讲话或写东西时都忍不住想施展其全部的才华，虽说这是可以理解的，但这只会把他们的员工搞糊涂。

这并不是说员工头脑简单，而应该说他们每日得到的信息太多太泛滥。他们只需要从领导者那里得到的是关于他们的组织将走向何方、他能为此做怎样的贡献等，这些清楚而简单的信息。

一个领导者如何向员工描述这些信息的具体细节和来龙去脉？这就引出最后一个对沟通关键要点的挑战：多种媒体的应用。

**多种媒体。**所有领导者常常过于偏爱某种传播方式，仅用这种方式来把信息传达给组织内其余的人。有的人偏爱现场传达，或者是人数众多的集体听报告，或者是小范围的亲切交谈，有的人则爱在网上发电子邮件或帖子来传送文字信息，还有的人倾向于向直接分管的下属传达，再由他们负责逐级向下传达。

哪种方法最好？全都很好。一个组织只依赖一两种传播渠道，可以肯定，在员工中有部分人会听不到关键的信息，因为员工对于接收信息的方式也有自己的偏好。

工程技术人员可能偏爱电子邮件，销售人员会觉得电话沟通更方便，有的员工想听领导者亲自讲话，还有的人觉得由他们的经理不时地提供最新情况比较不错。

虽然所有组织有必要建立大多数的信息传播的标准，但这不应该影响使用各种类型的媒体来传送信息。即使员工可以通过培训，学会使用和接受同样的沟通方式，但仍然应该使用所有的沟通方式，因为每种方式都为领导者提供了一个独特的机会，让他们能够接触到员工，并把信息表达清楚。

例如，现场交流为有意义的互动和情感交流提供了机会；电子邮件可以收到更加大量的信息，并可保存以备后查；逐级传达的方法可以创造深入讨论该信息的机会，从而影响员工日常的工作。

尽管这些媒体都有其有效性，可是作者发现有一种最有效，而且在各种规模（25～10000人）的组织中没有得到充分利用，作者称之为同时分头传达（Cascading Communication）。

在任何组织中，几乎每次领导者办公会议之后，都会做出一些关键性的决定，解决了某些重大问题，这些都需传达下去。遗憾的是，这些领导者却常常让这些会上做出的决定和应该传达的问题留待人们各自去做不同的解释。

作者曾目睹一个组织的领导团队在办公会议上做出决定：在全公司范围内停止人员招聘。会议结束后15分钟，人力资源主管就向全体职员发了电子邮件，通知暂停招聘。5分钟过后，参加这次会议的两位高管来到人力资源副总裁的办公室，提出抗议，他们认为暂停招聘对他们主管的部门不适用。

解决这类问题的关键是，在会议最后用5分钟时间问一下："我们需要与员工沟通什么？"讨论几分钟，很明显就能看出哪些问题需要澄清，哪些马上就可以传达下去。这种简短的讨论不仅可以避免领导者间的混乱，还可以给员工一种感觉，那就是他们各自的部门领导者都是互相合作、在重大问题上保持一致的。

即使领导团队成员同意所做的决定，但是对怎样去传达和传达多少可能存在着许多不同的看法。有的领导者会在会议结束的一天内和他的下属一起开会，向他们交代要传达的所有问题；有的是打电话给他的下属，强调一些要点；还有的是根据问题和谁有关，就向谁个别传达。

这种方法上的差异不可避免地造成一些问题，某些员工是从组织中别的同事那里听到了自己领导者的决定，于是，对自己为什么被置于圈子之外而大惑不解。

### 如何评价你的组织是否反复有效地进行了沟通

这非常简单，询问员工：是否知道他们的组织为何存在？基本的价值观是什么？从事什么业务？谁是竞争对手？战略是什么？年内主要目标是什么？领导团队是怎样分工的？然后再问他们的工作对这些方面有什么样的影响？茫然的眼神和错误的回答，说明沟通需要大大加强。

## 原则四：通过人力系统强化组织清晰度

纵使反复沟通传达，一家公司也不能因此使组织清晰度

**原则四**

# 通过人力系统强化组织清晰度

组织通过确保以下方面的
一致性来保持健康：

招聘标准

绩效管理

薪酬和奖励

解聘

通过人力系统
强化组织清晰度

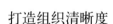

反复充分沟通
组织清晰度

打造组织清晰度

建立一个富有凝
聚力的领导团队

得以维持。必须通过能驱动人们行为的方法和制度在组织体系中处处建立清晰感。其挑战在于，在做到这些的同时，不应产生官僚主义。

### 什么是通过人力系统强化组织清晰度

正确利用人力系统的组织表现在，即使在变革时期也能使组织保持齐心协力、方向一致。它能确保在员工的录用、管理、奖赏甚至辞退等各项工作中都能正确贯彻执行的标准和组织清晰度的要求是一致的。

有4种主要的人力系统有助于强化组织的清晰度。

**招聘标准**。该项制度是根据组织的核心价值观制定面试和录用标准及程序。健康的组织寻求符合公司核心价值观的高质量的求职者。它们会询问应试者有关行为方面的问题，观察一些迹象，证明候选人是否适合公司。

面试进行之后，面试官会相互通报情况，特别注意其他同事对候选人是否符合公司核心价值观这方面的评价。这种集体面试的办法使组织避免了代价高昂的聘用错误，这种错误往往需要几个月甚至几年时间才能纠正。

相比较之下，大多数组织的录用过程是在一种"你喜欢他吗"的状态中进行的。面试官会根据他们本人对应试者的直觉进行决策，很少会根据应试者是否符合公司文化的客观标准来决定。相反，他们会依赖简历中的内容或一些技能测试，而单靠这些是难以保证其将来的发展是否成功的。

**绩效管理。**另一个有助于强化组织清晰度的制度是绩效管理。这是围绕领导者对员工工作情况进行沟通和指导所构成的系统。它有助于帮助员工识别成长和发展的机会，不断调整工作和行为以符合整个组织的方向和价值观。

遗憾的是，大多数组织在绩效管理上放错了重心，在过程中失去了绩效管理的精髓：沟通和一致。

造成这种情况的原因是两种常见的不当方法。许多公司的制度过于复杂，需要领导者和员工完成无休无止的报表和数据评估，到处可见的是在大量的指示和要求之中，失去了管理工作中的交流沟通和指导帮助。

另一个常见问题与许多绩效管理系统来源有关，太多的公司是购买由咨询公司设计好的拿来就可以用的系统，把相同形式的系统尽可能卖给更多的公司是这类公司的唯一目的，所以领导者和员工都认为完成这些报表毫无价值也就不足为奇了。

最好的绩效管理系统只包括主要的信息，使领导者和员工专心致志地去完成必需的工作以确保成功，不大强调法规条文和定量评估，这会分散员工对领导者想要传达的关键信息的注意力。更好的是，这种自定的系统会鼓励领导者和员工对日常处理的关键性问题进行有益的讨论。

最后，绩效管理并非只在考核职工的时候才进行沟通，在如何使员工为达到组织清晰度而改进他们行为的过程中，它始终贯穿于不断的对话中。

**薪酬和奖励**。这个制度必须与组织要强化的行为和态度有关。健康的组织尽可能在报酬制度中对工资、奖励、提升等过程采取始终如一的标准来消除主观性和随意性。

奖金和其他补助应根据与招聘和绩效管理相同的标准，这有助于员工去理解：只有对公司做出应有的贡献，才能使他们个人的报酬达到最大化。

除金钱的奖励外，要围绕组织的价值观来设计员工的奖励制度。这不仅促使员工去模仿正确的行为，也是旗帜鲜明地推广价值观立场的一种手段。

最后，在健康的组织中，除非体现了组织的行为价值标准，否则没有人能得到晋升。讨论提名的晋升人选时，不仅要满足底线所要求的贡献，还要看他们在加强组织清晰度过程中所起的作用。

**解聘**。健康的组织是应用价值观及其他关于组织清晰度的观点来指导解聘员工的决策的。这样不仅在造成重大损失之前就可找出问题，而且有助于避免在决定员工的去留问题上的随意性。

### 一个组织如何评估自己的人力系统

回答下列问题便是良好的开端：

- 是否有面试候选人和面试官一起交流面试情况的流程？

- 是否每个部门都会在面试中提出一致的行为方面的问题？

- 是否有统一的流程来管理整个组织的员工绩效？

- 我们是否花时间按照组织的价值观和目标来评估员工的行为？

- 领导者和员工是否都乐意参加到这个系统中来？

- 员工的报酬和奖励是否有始终如一的方法和流程来评定？

- 是否始终按照组织的价值观来评估晋升的候选人？

- 是否有统一的解雇员工的标准？

- 是否有员工曾因为与组织的价值观相差太远而遭到解雇？

即使组织是最好的，也不见得能对上面这些问题个个都回答"是"。如果回答"不"的问题不在少数，那就表明需要改进制度来加强组织的清晰度。组织应当不断地努力使其系统在管理量化上做到恰到好处——既不多，也不少。

# 结束语

此处描述的模型是一个整体性的模型。每项原则对取得成功都是至关重要的。由于每个组织的情况各异，依据模型各自所做的努力会各有侧重。

某些领导团队在建立信任方面做得比较顺利，但是缺乏行动准则，在跟进方法和落实上不到位。有的则热衷于战略计划和进行决策，而对把他们的决定反复向员工沟通传达不感兴趣。

不论何种情况，为了使他们的组织获得成功，领导者必须牢记两点：

第一，没有比组织健康更重要的事情了。卓越的领导者往往能够摆脱那些前卫的战略性议题的诱惑，持续保持他们对组织健康的专注。

第二，没有别的东西可以代替这些行动准则，靠一点聪明才智和超凡的个人魅力并不能弥补在识别一些简单的规律并长期坚持方面的无能。

# 致谢

在本书的写作过程中，我得到了许多人的大力支持，感激之情难以言表。

当然，首先要感谢我那位了不起的妻子，劳拉，她的耐心、爱和力量，令我十分钦佩。她对我们的儿子非常有爱心，对此我感激不尽。还要感谢我的双胞胎儿子马修和康纳，他们在我写作本书时，每每使我乐得分神，难以下笔。

特别要感谢我亲爱的父母、弟弟和妹妹，他们给了我无私的爱和始终如一的支持。

对我的员工艾米、特蕾西、约翰、米歇尔、卡伦、杰夫和安伯，我表示万分的感谢。感谢他们对我的忠诚、忍耐和支持。对我来说，他们不仅是我的同事，他们的付出使我每天都能收获惊喜。尤其要感谢艾米，是她促使我行动，给我信心。

感谢安妮和洛雷塔帮我照看孩子，也感谢夏洛特成为我们家特殊的一部分。

感谢我的客户的信任、坦率和辛勤工作。

感谢我的编辑苏珊和Jossey-Bass/Wiley出版社所有热情洋溢的员工对我的宽容和支持。

## 作者其他中译版介绍

### 《优势》（*The Advantage*）

组织最重要的竞争优势是什么？优秀的策略、快速的创新还是聪明的员工？畅销书《团队协作的五大障碍》作者帕特里克在本书中会告诉你答案：组织健康。他将20年的写作、现场研究和为世界知名组织的高管提供咨询的经验进行了总结，将真实的故事、轶事与可行的建议结合起来，创作了本书。作者以通俗易懂的语言证明了在一个组织中实现巨大进步的最佳途径莫过于消除功能障碍、政治和混乱的根源。

### 《CEO的五大诱惑》（*The Five Temptations of a CEO*）

故事的主人公安德鲁升任CEO一年以来，业绩平平，相比

之下，他的精神状态更加困扰他。他在地铁上碰到的古怪老人查理，主动过来跟他聊天，帮他找到精神困扰的原因，就是CEO的五大诱惑。3年以后，安德鲁的公司取得了惊人的变化。

本书的前半部是一部精彩的商业小说，神秘、流畅、悬念迭出；后半部分是专业的模式诊断，深刻、犀利、论述周详。这种深具兰西奥尼特色的写作方式已经在商业管理图书中大获成功。几乎每位领导者都可以从小说中找到自己的影子，同时在专业的模式分析中找到失误的深层原因和应对策略。

### 《理想的团队成员》（*The Ideal Team Player*）

从事高科技行业的杰夫决定摆脱充满压力和交通堵塞的生活环境，离开硅谷去纳帕谷接手叔父的建筑公司。上任后，他急于恢复公司团队文化，致力于打造更有效的高水平团队。在这个过程中，他认识到一个理想的团队成员应该具有3个不可或

缺的品德，通过这些品德来形成公司的文化，才能拯救这个公司。为此，他必须面对失去一些有能力而不太懂得如何进行团队协作的员工，并说服他偏激的运营副总裁，而不是在短期业务的压力下降低公司的招聘标准。

在故事之外，作者提出了一种实用的框架和可操作的工具，用以识别和发展理想的团队成员。无论你是一位领导者，试图创建团队协作精神，还是一位想要提高自己的团队成员，你都将从本书中获益良多。

### 《动机》（*The Motive*）

本书把注意力转移到帮助领导者理解自己"为什么要成为领导者"的重要性上，直接将读者带进了两位同行且彼此竞争的CEO间长达一天的对话中。兰西奥尼通过出乎意料的曲折情节和尖锐的对话带我们踏上了一段旅程，最终得出了一个既令人意外又富有启发性的结论。正如他的其他书籍一样，在虚构的故事之后，他对从寓言故事中应汲取的经验教训进行了简单的总结，结合实践经验对他的理论进行了清晰解释，以帮助高管们审视自己成为领导者的真正动机。除了鼓励读者诚实地评估自己的动机，兰西奥尼还提出了从5个关键领域改变他们动机的方法，并指出了行动步骤。通过这样做，他帮助领导者避免最危险的诱惑，这种诱惑会让领导者脱轨，阻碍其组织的发展，甚至伤害他们本应为之服务的人。

### 《打破部门壁垒》（*Silos, Politics and Turf Wars*）

本书是畅销书作者兰西奥尼的经典著作之一，此经典版配有中文导读音频课，可使读者在高效阅读的同时掌握本书技能。本书通过一个寓言故事，生动地再现了公司内部激烈的部门冲突。故事的主角裴德是个年轻而冲劲十足的管理顾问。在和客户交流的过程中，裴德意识到一个普遍存在而又非常棘手的问题——公司部门间的扯皮和内耗问题。在历经波折之后，裴德终于找到了一种简单实用的解决办法——设定主题目标，把杂乱无章的部门间争斗转化为高效的团队合作。

## 《六大工作天赋》（*The 6 Types of Working Genius*）

本书是畅销书《团队协作的五大障碍》作者的又一力作。作者通过讲故事的方式揭示人们工作效率低下，情绪暴躁和焦虑的根本原因，并提供解决方法和工具：六大工作天赋模型。故事的主人公布尔是一位成功的首席执行官，书中详细描述了他如何调整工作任务，摆脱暴躁和焦虑的情绪，发掘团队成员优势，带领大家轻松快乐地提升工作效率并获得成就感。作者认为人们在工作中会有6种天赋，而在一个团队中，这6种天赋缺一不可，否则即使在健康的组织中，人们也没法高效工作。

以上图书的中文版由电子工业出版社出版，各大新华书店及当当、京东等网上书店均有售。

# 培训与咨询

## 克服团队协作的五种障碍导师认证课（第 2 版）
### 电子工业出版社世纪畅优公司获得美国 Table Group 独家授权举办
### Table Group 资深顾问导师亲临执教

　　为企业打造具有高凝聚力的卓越团队，为组织进行健康诊断，通过强化清晰度提高竞争力，这一切都需要在世界一流导师的培训下，通过学习与演练，获得权威的认证许可，提升培训与咨询能力，为组织创造更大的价值。

## 克服团队协作的五种障碍工作坊（第 2 版）
### Overcoming the Five Dysfunctions of a Team

　　工作坊目标：致力于帮助企业建立高绩效的领导团队，极大地提高团队凝聚力与执行力，为提升组织健康度打下基础。

### 一、真实领导团队工作坊

面向组织中一个真实的领

导团队开展。在真实领导团队工作坊中，设计了高度实操型团队测评、团队现状分析以及增进真实领导团队协作性的活动练习，能够真正帮助领导团队就团队使命、团队协作原则达成共识，朝着成为一个高凝聚团队的目标迈出一大步。

## 二、领导者工作坊

面向组织中来自不同团队的领导开展。在团队领导工作坊中，将以提升领导者团队领导力为目标，学习如何通过运用"克服团队协作的五种障碍"模型来提升他们自己所带领团队的凝聚力、团队协作的高效性以及目标达成的执行力。

两个互动性很强的工作坊给学员提供了既实用又可以立刻见效的工具和策略，这些工具和策略还可以让学员在今后的工作中持续应用。

## 组织健康是组织唯一的竞争优势
## Organization Health Is a Unique Competitive Advantage

打造组织健康的真实领导团队工作坊，是组织迈向健康的最理想起点。贯彻性咨询项目是提升组织健康度的有效保障。

### 一、真实领导团队工作坊

领导团队工作坊针对团队领导及他的直接下属设计，具有互动性高、推进快速的特点。开展工作坊能够使以组织领导为首的领导团队有机会对其组织的健康度进行评估，建立领导团队黏性，并识别能够最大化组织优势的特定行动。

在工作坊期间，领导团队将深入学习兰西奥尼畅销书《优势》《团队协作的五大障碍》中的基本概念，并学习如何将这些理论概念付诸实践。两天的工作坊中，包括简短的讲解、实践活动的演练，以及为了落实组织健康四原则，针对参加工作坊的特定领导团队及组织自身开展的定制化的研讨。

工作坊中的团队活动与研讨，都针对参加工作坊的领导团队所在组织的真实商业活动而展开，工作坊参与者不会感觉他们仅仅是学习一种理论，或者学习与工作不相干。

### 二、提升组织健康度贯彻性咨询项目

在健康的组织中，领导团队团结协作，不存在办公室政治与混乱，整个组织都为了组织共同的目标而工作。

基于兰西尼奥的畅销书《优势》中的模型，咨询项目通过以下三个阶段，帮助组织定制化地设计出符合自身现状打造组织健康的行动路径，并保证所给出的行动路径可以在组织内长期确立并采用。

阶段一：建立富有凝聚力的领导团队并打造组织清晰度。

阶段二：反复充分沟通组织清晰度。

阶段三：强化组织清晰度。

可扫描二维码，了解版权课程导师认证、版权课程资料销售、市场推广及相关课程交付服务。

电子工业出版社世纪畅优公司

+8610 88254180/88254120  cv@phei.com.cn